HISTOIRE

DU

ROI DE BOHÊME

ET DE

SES SEPT CHATEAUX.

PARIS.—IMPRIMERIE ET FONDERIE DE G. DOYEN,
RUE SAINT-JACQUES, N. 38.

HISTOIRE

DU

ROI DE BOHÊME

ET

DE SES SEPT CHATEAUX.

Il y avoit une fois un roi de Bohême
qui avoit sept châteaux. TRIVM.

PARIS.

DELANGLE FRÈRES,
ÉDITEURS-LIBRAIRES,
PLACE DE LA BOURSE.

M DCCC XXX.

Introduction.

Oui! quand je n'aurois pour monture que l'âne sophiste et pédant qui argumenta contre Balaam!...

Quand je serois réduit à enfourcher la rosse chatouilleuse qui fit un autre Absalon de F. Jean des Entommeures

— ou la mule rétive dont l'opiniâtreté infernale compromit un jour le salut de l'abbesse des Andouillettes et de la douce Marguerite !...

Quand il me seroit prescrit par une loi de l'état — ou par un canon de l'Église — de ne jamais courir une poste que sur la haquenée fantastique de Lénore — ou sur le cheval pâle de l'Apocalypse qui portoit un cavalier nommé LA MORT !... Hélas ! celui-là piaffe à ma porte...

Mais qui diable pourra me dire ce que c'est qu'un cheval pâle ?

Quand je devrois emprunter (pour y aller) l'essor aventureux de l'hippogriffe, me suspendre comme Montgolfier à une vessie de toile gommée, chassée par le vent, ou me jucher comme Sindbad le marin sur les épaules d'un afrite maudit... J'irai!

Funeste ambition, où prétends-tu me conduire? est-ce à Corinthe?... — Non, Théodore, c'est en Bohême.

J'ouvrirai les dyptiques, j'épellerai les diplômes, je collationnerai les chartes — je saurai dans quel temps vivoit ce roi de Bohême, et je marquerai la place de ses sept châteaux avec une précision digne de Pausanias, d'Antonin, de Rutilius — de manière à faire mourir de dépit l'exact, ponctuel et soigneux Dodwell, s'il n'étoit mort en 1711, ce bon Henri Dodwell, quelques jours avant Pâques fleuries.

D'ailleurs, du temps de Dodvell, on s'occupoit si peu du roi de Bohême et de ses sept châteaux!

Et voilà pourquoi les sociétés marchent lentement. Chaque siècle a ses besoins.

Le besoin le plus pressant de notre époque pour un homme raisonnable qui apprécie le monde et la vie à leur valeur, c'est de savoir la fin de l'histoire du roi de Bohême et de ses sept châteaux.

Moi, je n'ai besoin que d'un cheval : soit nécessité, soit caprice, je n'irai pas en Bohême sans cheval. Une entreprise comme celle-ci vaut bien les frais d'un cheval, et cependant j'ai vu passer vingt souscriptions sans qu'il fût question d'un cheval pour aller en Bohême !

Un cheval ! un cheval !

A horse! a horse! my kingdom for a horse!

Rétractation.

Que ferois-je au reste d'un cheval? je n'en donnerois pas la coquille univalve — je ne sais si c'est un cône ou un fuseau, une olive ou un sabot, une hélice ou un buccin. — je crois que c'est une porcelaine — non, — je ne donnerois pas un fragment de cette petite monnoie du sauvage que la mer roule sur tes plages, pauvre et heureux insulaire, pour le cheval d'Alexandre qui avoit la tête du bœuf, et pour celui de César qui avoit le pied du bélier.

Ne puis-je voyager sans cheval dans tous les espaces que Dieu a ouverts à l'imagination de l'homme ? N'ai-je pas à mon service la voiture commode et obéissante dont il me fit présent, pour toute part de mon céleste héritage, et que j'ai préférée quelquefois aux chars de Pharaon ?

Je ne vous dirai pas précisément comment votre carrossier l'appelleroit. Ce n'est pas la *désobligeante* solitaire de M. Dessein ; ce n'est pas le *tilbury* présomptueux du petit maître. Ce n'est ni la *sédiole* rapide de l'Italien qui fuit sur deux roues brûlantes, ni le traîneau fumant du Lapon qui glisse en sifflant sur la neige, et disparoît au milieu d'un nuage de poussière glacée.

C'est une voiture à moi, où je dors paisiblement sur les quatre coins, quelquefois seul, souvent accompagné, et que je dirige à mon gré vers tous les points de l'univers.

Il me suffit de faire claquer le pouce contre le *medius,* ou de frapper trois fois la langue contre le palais, pour la mener de Delhi à Tobolsk, ou pour la renvoyer des Orcades à Chandernagor — et si j'ai mâché quelques feuilles de ce grand *convolvulus* qui donne le bétel; si le suc du pavot, transformé en pastilles solides et parfumées, réveille dans mes esprits la riante famille des songes; si j'ai aspiré dans un long verre le gaz spiritueux et spirituel qui émane des tonnes d'Épernay, ou si j'ai tiré à fréquentes reprises de ma jolie tabatière de Lumloch cette poudre énivrante et poétique dont un mince diplomate du seizième siècle a doté la France... oh! combien je vous laisse loin de moi, timide Vesta, grave et modeste Pallas! que j'ai franchi de fois, Jupiter, l'orbe où roulent tes satellites! que j'ai de fois rompu ton anneau pâlissant, sombre et silencieux Saturne! je me souviens d'avoir touché à une barrière où on lisoit en lettres d'une forme et d'une couleur inconnues sur la terre :

OCTROI D'URANUS.

Dieu! qu'il y faisoit froid!

Ce qu'il y a de commode dans ma voiture, c'est qu'elle est toujours prête. Madame, voulez-vous monter? Il n'y a pas un moyeu à graisser, pas une clavette à serrer. Il ne manque pas un boulon. Ne craignez pas les accidents du chemin. Si l'équipage de Cervantes ou de Rabelais, si celui du bénéficiaire de Sutton ou du doyen de Saint-Patrick a passé par ici — j'ai suivi l'ornière avec tant de soin — ou je m'en suis écarté avec tant d'adresse! Les fossés sont en vérité profonds comme l'espace. Ils donneroient le vertige à un aigle! Mais la voie est large comme le canal de la Manche, multiplié par toutes les gouttes d'eau de l'Océan. Je verse quelquefois, mais seulement quand je le veux — ou quand vous le voulez — et c'est sur un sable si doux, sur un gazon si souple, si élastique et si frais, que vous n'y regretteriez, je le jure, ni l'édredon moelleux de votre lit de repos, ni la bourre de soie qui enfle vos canapés.

Hier encore, Fanny, les yeux fixés sur cette petite mouche fauve qui domine ton sourcil noir, car il y a trop de danger pour moi à regarder plus bas... — Pas plus tard que ce matin, Victorine, les doigts liés aux boucles d'or de tes cheveux flottants... — Dis-moi, traîtresse, qui t'a ainsi décoiffée?

O Victorine, ô Fanny, que de chemin vous avez fait avec moi sans le savoir!

Mais il s'agit aujourd'hui de choses plus sérieuses. Pour la première fois de ma vie, je me suis avisé d'avoir une volonté fixe, un but déterminé. Je pars. Je suis parti.

— Où allez-vous donc, Théodore?

— En Bohême, vous dis-je! Fouette, cocher!

Convention.

Seulement je n'irai pas sans eux. J'ai de si bonnes raisons pour cela!

L'un, c'est don Pic de Fanferluchio!

L'autre, c'est mon fidèle Breloque.

Le premier m'entretient en secret de ces études de peu de valeur avec lesquelles on oublie doucement de vivre. Il fut le plus assidu des amis de ma jeunesse. A vingt-cinq ans, je n'avois jamais recherché d'autre conversation que la sienne, et quelle conversation !

L'homme le plus long, le plus mince, le plus étroit, le plus géométriquement abstrait dans toutes ses dimensions—le plus frotté de grec, de latin, d'étymologies, d'onomatopées— de thèses, de diathèses, d'hypothèses, de métathèses— de tropes, de syncopes et d' apocopes—la tête qui contient le plus de mots contre une idée, de sophismes contre un raisonnement, de paradoxes contre une opinion — de noms, de prénoms, de surnoms — de titres oubliés et de dates inutiles — de niaiseries biologiques, de balivernes bibliologiques, de billevesées philologiques — la table vivante des matières du *Mithridate* d'Adelung et de l'*Onomasticon* de Saxius !...

Le second, créature bizarre et capricieuse —

jeu singulier de la Providence qui s'amuse, après avoir moulé un génie sous la forme d'Achille ou d'Apollon, à bâtir avec les rognures échappées à son ciseau sublime un monstre difforme et grotesque — mélange fortuit d'éléments que l'on croiroit incompatibles — accident passager mais unique dans les modes innombrables de l'être — ébauche ridicule de l'homme qui ne sera jamais achevée — être sans nom, sans but, sans destinée, qu'on voit toujours riant, toujours chantant, toujours moquant, toujours gabant, toujours gambadant, toujours disposé à rien faire ou à faire des riens —

Hélas! mon cher Victor, je n'ai pas ta plume d'or et ton encre aux mille couleurs; je n'ai pas, mon cher Tony, la palette plus riche que l'arcen-ciel où tu charges tes pinceaux — et j'essaierois de peindre un nain!

Quand j'eus gagné à la loterie cette principauté d'Allemagne que j'ai perdue ce matin à mon réveil — la peste soit du frotteur! — je donnai à don Pic de Fanferluchio les sceaux de la chancellerie et les clefs de la bibliothèque.

Breloque eut la trésorerie et les petits appartements.

O vous que la fortune a exposés dans un rang élevé aux regards jaloux de la multitude, et qui n'avez pas lu sans fruit la vie d'Alcibiade, vous pouvez vous adresser à Breloque en toute sûreté. Il coupera la queue de vos chiens.

Non... jamais on n'a éprouvé au même degré que moi... —

Non, Cléobis et Biton qui moururent de fatigue en traînant le char triomphal de leur mère... Non, le sire Gontran de Léry qui expira en déposant sa fiancée au sommet de la *Côte des deux amants*... Non, Euthyme de Locres à qui il n'ariva rien de moins, pour avoir transporté un rocher énorme, destiné à clore les murailles de sa cité — Que dis-je! ce géant qui soutint le monde — Anthée, Épiméthée, Prométhée, ou Atlas — je serois bien fâché de me tromper sur son nom, mais je n'ai pas même ici un almanach —

Non, personne n'a senti ce que pèse cette vertu compacte et immense, cette idéalité des perfections absolues, cette *prototypie* de toutes les facultés innées et acquises, morales et rationnelles, ce το καλον de l'ame et de l'intelligence humaine presque divinisées, dont la supériorité accablante exerce une censure involontaire, mais hostile et perpétuelle, sur la société entière —

A moi, Breloque, m'écriai-je, sauve-moi de mon innocence! Dépouille, s'il le faut, mon chaste front de cette couronne de pureté timide que les femmes me décernèrent autrefois. — Délivre-moi de cette infaillibilité de mœurs, de cette austérité inflexible, qui finiroient par m'attirer la haine de tout le genre humain. — Danse, Breloque, danse encore. — Donne-moi des défauts qui ne soient pas des vices, des goûts qui ne soient pas des excès, des manies qui ne soient pas des passions. — Danse, Breloque, danse toujours; — et si tes grelots bruissent jamais dans le formidable concert des trompettes du jugement, ne crains pas qu'ils m'avertissent d'un remords!

Breloque fit le saut périlleux.

Pauvre Breloque! sans toi que serois-je devenu!

Qu'aurois-je été sans eux, je le demande? La statue informe du Titan, la poupée de l'idéologue, le monstre antropomorphe de Godwin?

Quand l'archange qui coule la figure d'un homme dans les fourneaux de la nature, se fut aperçu de la méprise qui lui avoit fait confondre des éléments si divers — don Pic, Breloque et Théodore — son premier mouvement fut de rompre l'image, et d'en jeter les fragments à travers l'espace. —

O povero mi! Que de siècles n'auroit-il pas fallu pour remettre mes molécules constitutives en harmonie, pour raccrocher mes atomes, pour idiosyncraser mes monades, pour rétablir l'adhérence intime et parfaite de tant de surfaces antipathiques entre le myrmidon Breloque et le patagon filiforme don Pic de Fanferluchio?

Heureusement l'ange praticien y regarda deux fois, trois fois, y revint encore, s'accoutuma d'abord à tolérer, puis à aimer son modèle. Il alla même jusqu'à lui confier une émanation de ce souffle de bonté dont les anges sont avares, et imprimant fortement le pouce à l'extrémité du nez de son mannequin encore inanimé, pour parvenir à le reconnoître un jour à ce méplat original : — Va, lui dit-il, sois Théodore. — Et mon père pleura de joie sur un berceau.

Démonstration.

Si cependant, par hasard, cette fiction ne vous convenoit pas... car je ne vois aucune difficulté à déclarer que c'est une fiction...

Si vous êtes du nombre de ces esprits positifs qui ne se contentent que de vérités absolues, et qui ne recevroient pas une idée frappée au coin de Montaigne et de Platon sans lui faire subir l'épreuve du trébuchet...

Si vous faites plus de cas d'une bonne addition que d'une similitude et même que d'une comparaison...

Eh, mon Dieu! vous n'avez qu'à parler!

Il faut seulement s'entendre sur un point de départ, c'est-à-dire sur le calcul de Dioclès de Smyrne qui représente l'esprit de l'homme par le nombre *Mille*.

Ci, valeur reçue en compte. . . . . . . 1000.

Passons à l'analyse :

Soit Théodore, ou mon imagination.   0.

Soit don Pic de Fanferluchio, ou ma mémoire. . . . .   1.

Soit Breloque, ou mon jugement. . .   999.

Je n'ai pas besoin de faire la synthèse devant vous; mais vous pouvez la vérifier facilement avec votre professeur de mathématiques, avec votre intendant, ou avec votre blanchisseuse. —

Je pose hardiment le total. . . . . . 1000.

Ce qui signifie identiquement : l'auteur de l'*Histoire du roi de Bohême et de ses sept châteaux*; car l'esprit est tout l'homme, et c'est de ces trois facultés, l'imagination, la mémoire et le jugement, que se compose (à moins qu'on n'y ait changé quelque chose) la mystérieuse trinité de notre intelligence, dans des proportions assez irrégulières, comme vous le voyez, et qui peuvent souffrir des modifications si multiples que la rencontre de deux ménechmes intellectuels sera probablement l'événement le plus inattendu de l'autre monde, et celui qui ajoutera le plus au charme piquant de notre future Palingénésie.

Quelle incroyable variété de physionomies! quelle inépuisable source d'harmonies et de contrastes! que d'ames qui seront étonnées de n'avoir pas volé l'une à l'autre! que d'affections qui se révolteront contre le joug que leur a fait subir une trompeuse sympathie! que d'admirations détrompées! que de modesties rassurées trop tard! que de grands hommes j'ai vus, et, il m'en coûte de l'avouer, qui arriveront là, négativement timbrés de trois zéros, à la barbe de Dioclès!

Breloque ne s'est pas réservé d'autre plaisir pour les trente premières myriades de siècles de l'éternité.

Objection.

— Eh, monsieur, je vois ce que c'est! encore un mauvais pastiche des innombrables pastiches de Sterne et de Rabelais... —

Mauvais, cela vous plaît à dire... et puis, que diable vous faut-il si vous ne voulez pas des pastiches?

Oserois-je vous demander quel livre n'est pas pastiche, quelle idée peut s'enorgueillir aujourd'hui d'éclore première et typique?...

(Dalgarno réduisoit toutes les idées primitives à six, et don Pic de Fanferluchio prétend qu'il y avoit du luxe.)

Oserois-je vous demander, dis-je, quel auteur est procédé de lui-même comme Dieu, si ce n'est l'auteur inconnu qui s'avisa le lendemain de l'invention des lettres...

C'étoit peut-être Énoch; mais son livre ne s'est pas retrouvé —

C'étoit peut-être Abraham; mais le *Jezirah* est apocryphe, et le Saint-Esprit le balaya, comme les faux évangiles, de la table du concile de Nicée —

C'étoit peut-être Mercure, autrement Hermès ou Trismégiste; mais il n'est pas plus question de cette particularité dans Apollodore que dans le père Gautruche.

Qui s'avisa de tracer pour la première fois... sur le sable —

Ou sur un rocher —

Ou sur une brique —

Ou sur une *tabella* d'ivoire enduite de cire vierge —

Ou sur toute autre surface naturelle ou plastique, mais pénétrable et tenace —

Ou sur une feuille de papyrus —

Ou sur la membrane du placenta d'un quadrupède —

Ou sur de la bouillie de chanvre ou de lin, de coton ou de soie, de paille ou d'ortie, étendue, aplatie et desséchée —

Avec un roseau aiguisé —

Ou un burin pointu —

Ou un crayon de métal friable —

Ou un fragment de pierre colorée —

Ou une plume d'oie —

De tracer (j'en étois là) quelques lignes verticales ou horizontales — de bas en haut ou de haut en bas — de droite à gauche ou bien de gauche à droite — ou même de gauche à droite et de droite à gauche alternativement, comme cela se pratiquoit dans le *Boustrophedon* —

Et de s'écrier dans une langue qui est morte avant le déluge : *Exegi monumentum !*

Celui-là (écrivain original, je te salue !) n'écrivit cependant, selon toute apparence, que ce qu'on avoit dit avant lui; et, chose merveilleuse ! le premier livre écrit ne fut lui-même qu'un pastiche de la tradition, qu'un plagiat de la parole !

Une idée nouvelle, grand Dieu ! il n'en restoit pas une dans la circulation du temps de Salomon — et Salomon n'a fait que le dire d'après Job.

Et vous voulez que moi, plagiaire des plagiaires de Sterne —
 Qui fut plagiaire de Swift —
 Qui fut plagiaire de Wilkins —
 Qui fut plagiaire de Cyrano —
 Qui fut plagiaire de Reboul —
 Qui fut plagiaire de Guillaume des Autels —
 Qui fut plagiaire de Rabelais —
 Qui fut plagiaire de Morus —
 Qui fut plagiaire d'Érasme —

Qui fut plagiaire de Lucien — ou de Lucius de Patras — ou d'Apulée — car on ne sait lequel des trois a été volé par les deux autres, et je ne me suis jamais soucié de le savoir...

Vous voudriez, je le répète, que j'inventasse la forme et le fond d'un livre ! le ciel me soit en aide ! Condillac dit quelque part qu'il seroit plus aisé de créer un monde que de créer une idée.

Et c'est aussi l'opinion de Polydore Virgile et de Bruscambille.

Déclaration.

Au reste, on conviendra que je n'ai pas affiché du moins la prétention insensée d'être neuf dans le métier le plus fastidieusement usé qu'on puisse exercer au monde, celui, diroit Rabelais, de sophistiqueur de pensées et de grabeleur de mots.

Vous chercheriez inutilement pendant cent ans un titre qui révélât plus naïvement le plagiat que ces lignes ingénues :

Histoire
du roi de Bohême
et
de ses sept châteaux.

A peine ont-elles frappé vos yeux que trois ou quatre idées subites jaillissent tout armées d'autant de cases de votre mémoire, comme Minerve de la tête de Jupiter, chargées d'insignes, de blazons, de plans, de devis; ceintes de remparts, de glacis et de contrescarpes; hérissées d'ouvrages à cornes et de bastions —

Ah! ah! dites-vous, j'ai vu cela quelque part, dans Olaüs Magnus, dans Rudbeck, dans Sterne peut-être...

Une dernière case s'ouvre, celle de la réflexion, et il en sort une idée plus intelligente, plus nette, plus lucide, qui vous dit d'un ton sardonique en haussant légèrement les épaules (ô divine Entéléchie, les épaules d'une idée!...)...

« Mais c'est cela, c'est absolument cela! c'est dans Sterne! ce n'est qu'un pastiche. » Et puis elle rentre avec dédain... Merci, madame!

Et pourquoi pas un pastiche?...

Il m'étoit si aisé de dissimuler cet emprunt d'une imagination épuisée, en disant, par exemple :

HISTOIRE

DU ROI DE HONGRIE

ET

DE SES HUIT FORTERESSES.

ou mieux encore :

CHRONIQUE

DES EMPEREURS DE TRÉBISONDE,

ET DESCRIPTION

DE LEURS QUATORZE PALAIS.

Mais ma candeur naturelle répugne à ces artifices ;

Un pastiche, un vrai pastiche, tout ce qu'il y a de plus pastiche...

Et cela me convient d'autant mieux que je ne savois pas ce que c'étoit.

Il ne tient même qu'à vous de me faire porter cette abnégation sincère de tout mérite personnel à sa dernière expression —

(Je parle à cette idée hargneuse, qui sort obstinément de sa niche à la fin de toutes mes pages, comme l'automate importun des horloges de Nuremberg.)

Douce et pudibonde Modestie! inspire-moi une concession si humble, si résignée, qu'elle désarme enfin la colère de mes ennemis!

. . . .
. . . .

Je l'ai trouvée!... — Je l'ai trouvée! —

Et je dois rassurer mes jolies lectrices — je n'écris point ceci *dans le simple appareil...* dans le costume négatif d'Archimède. J'ai un habit bleu barbeau qui ne m'a servi que trois fois.

Ce n'est pas moi d'ailleurs qu'il s'agit de regarder. C'est la page suivante où vous trouverez le titre définitif de ce volume...

Définitif, autant qu'il est permis à l'homme d'attacher à une de ses conceptions cet adjectif téméraire...

Définitif, si Dieu et mon anévrisme le permettent...

Pauvre Théodore!

Histoire du Roi de Bohême et de ses sept châteaux.

PASTICHE.

O imitatores, servum pecus !
HORAT., *Epist.* I. XIX, 19.

PARIS.

CHEZ LES LIBRAIRES

QUI NE VENDENT PAS DE NOUVEAUTÉS.

Continuation.

Quant aux imitateurs sans conscience!...

Quant au singe bateleur qui contrefait sans goût ce qu'il voit sans intelligence, automate vivant dont la physionomie est une caricature et le rire une grimace...

Quant au perroquet maussade qui chante la chanson de Psaphon parce que Psaphon l'a chantée, et qui croit inventer ce qu'il répète...

Quant à la corneille effrontée qui se pare insolemment des dépouilles de quelque paon inconnu, et qui étale dans vos musées et dans vos académies une aigrette de diamants et des plumes d'or aux yeux d'azur qu'elle n'a point portées...

J'aurois plus tôt fait de compter les chèvres de la Toralva, calcul qui épouvanta l'infaillible judiciaire de don Quichotte, et que les mathématiciens infinitésimaux les plus perspicaces, depuis le marquis de l'Hospital jusqu'au rédacteur du dernier *Almanach des Muses,* ont sagement laissé à part.

Qui oseroit se plaindre aujourd'hui qu'il y eût une chèvre, une seule chèvre de trop dans le troupeau de la Toralva, et qu'elle y caracolât, la pauvre bête, à la manière des autres?...

On n'a jamais trouvé trop nombreux les moutons de Dindenaut — cependant ils se noyoient, tandis que les chèvres de la Toralva ne demandent qu'à sauter.

Et pourvu que ma chèvre passe dans le nombre. — Elle n'est ni vieille, ni difforme, ni maussade — elle est propre, elle est élégante, elle est mouchetée — elle a le sentiment de sa dignité naturelle et des bienséances de son sexe —

... Pourvu, dis-je, qu'elle défile le nez au vent, les narines entr'ouvertes pour aspirer de loin les fleurs et la rosée, la tête un peu inclinée sur la clavicule droite, parce que cela donne de la grâce...

Ou bien que, dressée sur ses jambes de derrière, celles de devant modestement recourbées sur elles-mêmes, le cou tendu, l'œil saillant, la bouche allongée et frémissante, elle puisse briser de temps en temps, au sommet d'un buisson qui n'appartient à personne, un de ces longs bouquets de feuilles ou de fruits parasites qui épuisent l'arbuste et ne l'embellissent pas...

Fructu capreolus volvitur gestiens croceo...

(C'étoit probablement le corymbe d'un sorbier avant la maturité.) —

O critique impitoyable, on ne vous en demande pas davantage...

Messieurs, voulez-vous permettre? Place à la chèvre de Théocrite!

Protestation.

Plagiaire ! moi, plagiaire ! — Quand je voudrois trouver moyen pour me soustraire à ce reproche de disposer les lettres dans un ordre si **NOUVEAU**, ou d'assujettir les lignes à des règles de disposition si bizarres, ou pour mieux dire si follement hétéroclites!!!

Quand de si violentes inversions, je voudrois torturer les mots !

Ou marier incompatiblement des idées et des paroles ennemies qui rugiroient de se rencontrer !

Quand je n'aspire qu'à vous emporter sur les ailes du Condor oriental au sommet de quelque montagne qui a bravé, inaccessible, l'invasion du déluge ; —

Ou à vous précipiter avec moi sur un coursier près duquel celui de Mazeppa ne feroit pas meilleure figure que le grison de Sancho, dans des profondeurs creusées cinq cent millions de lieues au-dessous du monde souterrain de Klimius... —

Vous m'accuseriez de vous emprisonner par une lâche impuissance dans ce petit recoin de notre petite terre que l'on appelle la Bohême !...

Hélas ! je n'irai peut-être jamais en Bohême, quoique ce soit, je le jure sur l'honneur, le seul projet dont je m'occupe aujourd'hui — et si j'y vais, j'y arriverai si tard que personne de cette génération et des vingt-deux générations qui la suivront, n'en pourra lire la nouvelle dans les affiches de Prague. — J'ai tant de choses à faire sur le chemin!

D'abord, j'y suis bien décidé : je n'entrerai en Bohême que par l'Autriche...

En Autriche que par la Styrie...

En Styrie que par la Carinthie, où je dois une larme au tombeau vide d'Édouard...

En Carinthie que par la Carniole, ma seconde et chère patrie...

En Carniole que par l'Istrie, où, couchés sur les plages riantes du golphe bleu, nous égarerons à loisir nos yeux ravis des bastides de Trieste à la tour d'Aquilée...

En Istrie que par le pays de Venise —

Voilà Venise, et son port, et ses gondoles, et sa vieille mosquée chrétienne, et ses noirs palais, et les degrés de marbre où vit la trace du sang de Faliéro, rajeunie par les vers de Byron et par les pinceaux de Delacroix —

A Venise que par Mantoue qui rappelle Virgile;

Ou par Brescia, qui rappelle la continence de Bayard (Puisse le ciel lui en savoir plus de gré que moi!);

Ou par Bergame, qui rappelle un autre héros, plus modeste et plus populaire, dont vous reconnoîtrez les compâtriotes à la queue de lapin qui flotte élégamment sur leur feutre blanc —

Et si vous m'en croyez, nous laisserons là Bayard et Virgile en faveur d'Arlequin —

En Italie enfin que par le mont Saint-Bernard et la vallée de Chamouny, où je viens de pénétrer à reculons, rétrogradant avec une habileté merveilleuse dans des sentiers épouvantables, bien que j'eusse l'esprit doublement distrait par le vertige, et par je ne sais quel souvenir confus des aventures de Gervais et de Cæcilia... —

Mais êtes-vous aussi disposés à les entendre que moi à les raconter? Je ne suis venu que pour cela.

Dubitation.

« Je n'y fais aucune opposition, dit don Pic,
« moyennant que votre Cæcilia ne soit pas aveu-
« gle. — »

(Elle l'est.)

« J'ai en horreur ces fictions sans naturel où
« le nom du principal personnage vous indique
« d'avance le sujet et le but du récit, sans égard
« pour l'illusion qui en fait tout le charme.

« Et quel intérêt voulez-vous que j'accorde à
« la mort d'Hippolyte, aux infortunes d'Œdipe
« et aux combats de Diomède, quand je suis si
« bien averti que le premier périra victime de
« ses chevaux furieux, que les pieds enflés du
« second auront été traversés dans le jeune âge
« par quelque courroie sanglante, et que le troi-
« sième est nominalement prédestiné à triom-
« pher des dieux mêmes?

« Ai-je besoin de l'histoire pour savoir que
« Philippe aimoit passionnément les chevaux, et
« qu'Alexandre a soumis les nations? N'est-ce
« pas une mauvaise plaisanterie que d'appeler
« Augustule le dernier des empereurs?

« Je n'ai point d'objection à faire contre Ni-
« cias, puisqu'il paroît que c'est en raison de ce
« nom qu'il fut porté au commandement dans la
« guerre de Sicile.

« Et il n'y a probablement personne qui s'ima-
« gine que le nom de Scævola et celui de Coclès
« leur avoit été donné, avant que le premier se

« brûlât le poignet dans le brazier de Porsenna,
« et que le second se fît bravement crever l'œil
« à la défense d'un pont, qui n'est pas toutefois
« le *Pons Emilius* ou *Palatinus*, comme l'a-
« vancent quelques antiquaires saugrenus.

« Mais vous trouverez des gens qui ont fait
« d'ailleurs d'assez bonnes études, et qui croient
« sincèrement que l'homme dont l'éloquence fut
« long-temps la force du peuple s'étoit appelé
« Démosthènes dès le berceau, et que la nature
« avoit inscrit les titres du modèle des sages dans
« l'extrait de baptême, ou, si vous voulez, dans
« l'acte de naissance d'Aristide.

« Quand les moines et les clercs du moyen âge
« s'avisèrent de faire passer sous des noms an-
« ciens les loisirs de leur muse obscène et déré-
« glée, eurent-ils à désigner l'auteur d'un re-
« cueil de chants gracieux, badins et tendres,
« comme les modulations de la petite flûte bo-
« cagère qui fait danser les jeunes filles? ils l'ap-
« pelèrent Tibulle. Fut-il question d'un poète
« souple, mignard et mordant qui se joue avec

« un moineau, le nom de Catulle se présenta de
« lui-même. Le volume faisoit-il naître l'idée
« d'un arsenal où s'étaloient, sous mille formes
« hostiles, les armes les plus cruelles qui aient
« jamais, depuis Archiloque, offensé tous les
« états et toutes les mœurs de la société, on l'at-
« tribuoit à Martial.

« Quel critique judicieux seroit assez crédule
« pour adopter l'individualité d'un écrivain con-
« cis, presque énigmatique, dont l'art est de ca-
« cher beaucoup d'idées sous peu de mots, et qui
« s'appelleroit Tacite?...

« Ou d'un déclamateur élégant, pompeux,
« sonore, aux mots choisis et groupés en bou-
« quets, aux phrases à compartiments émaillés,
« et qui s'appelleroit Florus?... »

— Quoi, vous penseriez!... —

« Inventions de studieux fainéants qui se dé-
« lassoient sagement des ennuis de l'office, en
« composant des classiques latins à l'usage de

« l'ignorante postérité ! — Ce qui m'afflige pro-
« fondément, c'est que notre sainte Église, dont
« l'infaillibilité est si avérée, ait pu se rendre
« complice de ces frauduleuses maladresses, en
« adoptant la fable criante d'un Hippolyte de se-
« conde édition, d'un Hercule Christophore ou
« *Porte-Christ,* et d'une prétendue Véronique
« ou *Véritable image,* qu'on ne sauroit nommer
« sans révéler la gaucherie impudente d'un faus-
« saire —

« Oh ! si votre Cæcilia étoit aveugle ! —

(On sait qu'elle l'est.)

« J'aimerois cent fois mieux qu'elle s'appelât
« Sapho ou Lucrèce, Philis ou Dorimène, Rade-
« gonde ou Débora, quoique j'aie tous ces noms
« en exécration. »

— Si elle s'appeloit Eulalie ?... —

« Vous vous croiriez obligé à la faire parler
« avec cette abondance redondante et manié-

4.

« rée qui ne vous est que trop familière...... »

— Je vous donne ma parole d'honneur la plus sacrée, comme disoient les euphuistes de la cour de Barras, que je ne sais pas un mot de ce qu'elle dira —

« A la bonne heure. »

Narration.

J'avois parcouru avec un plaisir nouveau cette gracieuse forêt de sapins qui enveloppe le village des Bois. J'arrivois à cette petite esplanade, de jour en jour envahie par les glaciers, que dominent d'une manière si majestueuse les plus belles aiguilles des Alpes, et qui aboutit par une pente presque insensible à la source pittoresque de l'Arveyron. Je voulois revoir son portique de cristal azuré qui tous les ans change d'aspect, et demander quelques émotions à ces grandes scènes de la nature. Mon cœur fatigué en a besoin.

Je n'avois pas fait trente pas que je m'aperçus, non sans étonnement, que Puck n'étoit pas près de moi — Hélas! vous ne l'auriez pas décidé à s'éloigner de son maître, au prix du macaron le plus friand, de la gimblette la plus délicate — il tarda même un peu à se rendre à mon appel, et je commençois à m'inquiéter quand il revint, mon joli Puck, avec la contenance embarrassée de la crainte, et cependant avec la confiance caressante de l'amitié, le corps arrondi en demi-cerceau, le regard humide et suppliant, la tête si basse, si basse, que ses oreilles traînoient jusqu'à terre comme celles du chien de Zadig... Puck étoit aussi un épagneul. —

Si vous aviez vu Puck dans cette posture, vous n'auriez pas eu la force de vous fâcher.

Je ne me fâchai point, mais il repartit, puis il revint encore, et à mesure que ce jeu se renouveloit, je me rapprochois sur sa trace du point d'attraction qui l'appeloit, jusqu'à ce qu'également attiré par deux sympathies parfaitement isogènes ou par deux puissances tout-à-fait semblables, il resta immobile comme le battant aimanté entre ses timbres de fer.

Sur le banc de rocher dont Puck me séparoit avec une précision si exacte que le compas infaillible de La Place n'auroit trouvé ni d'un côté ni de l'autre le moyen d'insérer un seul point géométrique, étoit assis un jeune homme de la figure la plus aimable, de la physionomie la plus touchante, vêtu d'une blouse bleue de ciel, en manière de tunique, et la main armée d'un long bâton de cytise recourbé par le haut, ajustement singulier qui lui donnoit quelque ressemblance avec les bergers antiques du Poussin. Des cheveux blonds et bouclés s'arrondissoient en larges anneaux autour de son cou nu, et flottoient sur ses épaules. Ses traits étoient graves sans austérité, tristes sans abattement. Sa bouche exprimoit plus de déplaisir que d'amertume. Ses yeux seuls avoient un caractère dont je ne pouvois me rendre compte. Ils étoient grands et limpides, mais fixes, éteints et muets. Aucune ame ne se mouvoit derrière eux.

Le bruit des brises avoit couvert celui de mes pas. Rien n'indiquoit que je fusse aperçu. Je pensai qu'il étoit aveugle.

Puck avoit étudié toutes mes impressions, et au premier sentiment de bienveillance qu'il vit jaillir de mes regards, il courut à ce nouvel ami.

— Qui nous expliquera l'entraînement de l'être le plus généreux de la nature vers l'être le plus infortuné, du chien vers l'aveugle! O Providence! je suis donc le seul de vos enfants que vous ayez abandonné!...

Le jeune homme passa ses doigts dans les longues soies de Puck, en lui souriant avec candeur. — D'où me connois-tu, lui dit-il, toi qui n'es pas de la vallée? J'avois un chien aussi folâtre, et peut-être aussi joli que toi; mais c'étoit un barbet à la laine crépue — il m'a quitté comme les autres, mon dernier ami, mon pauvre Puck!...

— Hasard étrange! votre chien s'appeloit comme le mien...

— Ah! monsieur, me dit le jeune homme, en se soulevant penché sur son bâton de cytise; pardonnez à mon infirmité...

— Asseyez-vous, mon ami! Vous êtes aveugle?

— Aveugle depuis l'enfance.

— Vous n'avez jamais vu?

— J'ai vu, mais si peu! J'ai cependant quelque souvenir du soleil, et quand j'élève mes yeux vers la place qu'il doit occuper dans le ciel, j'y crois voir rouler un globe qui m'en rappelle la couleur. J'ai mémoire aussi du blanc de la neige, et de l'aspect de nos montagnes.

— C'est donc un accident qui vous a privé de la lumière?

— Un accident qui fut, hélas! le moindre de mes malheurs! J'avois à peine deux ans qu'une avalanche descendue des hauteurs de la Flégère écrasa notre petite maison. Mon père, qui étoit guide dans ces montagnes, avoit passé la soirée au Prieuré. Jugez de son désespoir quand il trouva sa famille engloutie par l'horrible fléau! Secondé de ses camarades, il parvint à faire une trouée dans la neige et à pénétrer dans notre cabane dont le toit se soutenoit encore sur ses frêles appuis. Le premier objet qui se présenta à lui fut mon berceau; il le mit d'abord à l'abri d'un péril qui s'augmentoit sans cesse, car les travaux mêmes des mineurs avoient favorisé l'éboulement de quelques masses nouvelles et augmenté l'ébranlement de notre fragile demeure. Il y rentra pour sauver ma mère évanouie, et on le vit un moment, à la lueur des torches qui brûloient à l'extérieur, la rapporter dans ses bras — mais alors tout s'écroula — Je fus orphelin, et on s'aperçut le lendemain qu'une goutte sereine avoit frappé mes yeux. J'étois aveugle.

— Pauvre enfant! ainsi vous restâtes seul, absolument seul!

— Un malheureux n'est jamais absolument seul dans notre vallée. Tous nos bons Chamouniers se réunirent pour adoucir ma misère. Balmat me donna l'abri, Simon Coutet la nourriture, Gabriel Payot le vêtement. Une bonne femme veuve, qui avoit perdu ses enfants, se chargea de me soigner et de me conduire. C'est elle qui me sert encore de mère, et qui m'amène à cette place tous les jours de l'été.

— Et voilà tous vos amis?

—J'en ai eu plusieurs, répondit le jeune homme en imposant un doigt sur ses lèvres d'un air mystérieux, mais ils sont partis.

— Pour ne pas revenir?

— Selon toute apparence. J'ai cru pendant quelques jours que Puck reviendroit, et qu'il n'étoit qu'égaré... mais on ne s'égare pas impunément dans nos glaciers. Je ne le sentirai plus bondir à mes côtés... je ne l'entendrai plus japper à l'approche des voyageurs...

(L'aveugle essuya une larme.)

— Comment vous nommez-vous?

— Gervais.

— Écoutez, Gervais — Ces amis que vous avez perdus... — expliquez-moi... —

(Au même instant, je fis un mouvement pour m'asseoir auprès de lui, mais il s'élança vivement à la place vide.)

— Pas ici, monsieur, pas ici!... c'est la place d'Eulalie, et personne ne l'a occupée depuis son départ.

— Eulalie? repris-je en m'asseyant à la place qu'il venoit de quitter; parlez-moi de cette Eulalie et de vous. Votre histoire m'intéresse.

—Je déclare, dit Victorine, qu'elle commence à m'intéresser aussi...

— Et que pourrois-je lui refuser? — Décidément, Breloque, nous n'irons pas encore aujourd'hui en Bohême.

Gervais parla donc ainsi :

Insertion.

Ou plutôt, il ne parla pas, car je l'interrompis brusquement en m'élançant de toutes les forces de ma pensée dans le bureau de rédaction du meilleur journal de l'époque, l'*Infaillible*, l'*Impartial* ou le *Désintéressé*, distrait par une idée fixe que ma pudeur littéraire me force à enfermer au double tour, sous la clé de la parenthèse :

(La nécessité extrêmement urgente de m'assurer du débit de cette histoire ou de ce roman, de cette facétie ou de ce poème dont les libraires ne veulent point.)

Cependant, je l'avouerai! je ne quitte pas le récit de Gervais sans regret... Et je prends le ciel à témoin que je me souviens du récit de Gervais comme si je venois de l'entendre, et que je l'écrirai avant d'être arrivé au salon...

A l'antichambre...

Au porche...

Au palier...

Au grand escalier...

Au vestibule...

Au parvis...

A la cour...

A la porte...

A l'avenue...

Au tourne-bride du premier des sept châteaux du roi de Bohême.

Mais il est si bon et si sûr de se rendre compte soi-même de soi-même à soi-même!

Ce privilége est si commun, si comique, si commode, si commercial, et j'en ai si peu usé ! Tu me démentiras, si tu l'oses, démon avide et financier, qui présides au tarif des réputations !

— Qui nous empêche, dit Breloque, de lire demain, dans toutes les archives des renommées contemporaines, ces lignes équitables écrites à notre gloire ?

« L'illustre anonyme...

(Illustre à cause de notre magnifique souveraineté de *Nihil-no-not-night.*)

« L'Illustre anonyme ne se dérobera point à
« l'admiration publique. . . . . . . 3 f. 50 c.

« On a reconnu dans son style le cachet d'un
« écrivain tendre, éloquent, énergique, harmo-
« nieux, sublime. . . . . 7 f. 25 c.

« Qui a laissé bien loin derrière lui Cyrano de
« Bergerac, Homère, Byron, Châteaubriand, le

« Seigneur des Accords, Montesquieu et Turlu-
« pin. . . . . 9 f. 00 c.

« L'*Histoire du roi de Bohême et de ses sept*
« *châteaux* devant produire une immense ré-
« volution dans la littérature...

— Quelles sottises dis-tu là, Breloque?

— Je fais un article de journal.

— Dispense-toi de cette peine. En voilà un tout fait. Va, mon ami, achète de la gloire, puisque tu préfères cette sotte fumée à la vapeur suave de mes cigarres de la Havane. Achète de la gloire, Breloque, paie comptant et paie sans compter : autrefois elle étoit plus chère!...

— Empedocle l'acquit à si haut prix qu'il n'est resté de lui que ses pantoufles. —

— Ses pantoufles, Breloque, rien que ses pantoufles! c'est ce que je voulois te dire. — Pantoufle! ce mot fait vibrer dans mon cœur une de ces cordes douloureuses qui retentissent long-temps, et dont l'émanation s'harmonie sympathiquement avec toutes les mélancolies de l'ame...

Que si j'avois encore, par fortune, un violon de Stradivarius ou d'Amati, et que je pusse le soumettre à la méthode savante de Baillot, ou l'animer du doigté pathétique de Viotti; —

Ou si je possédois seulement ce qu'il faut de la térébenthine de Kolophon (il en est question dans Meursius), pour faire crier moins disgracieusement le rauque archet d'un Amphion de village... —

Avec quelle impétueuse sensibilité je ferois passer dans votre ame l'expression déchirante de mes souvenirs !

Mais j'ai beau attiser la mèche languissante ! l'huile qui reste dans ma lampe nous mènera tout au plus à la fin de ce feuilleton.

Transcription.

ANNONCES LITTÉRAIRES.
HISTOIRE
DU ROI DE BOHÊME ET DE SES SEPT CHATEAUX[1].

« Je ne peux pas dire de l'auteur de cet ou-
« vrage ce que disoit Tacite d'Othon, de Galba
« et de Vitellius : *nec beneficio, nec injuriâ*

---

[1] Un volume in-8° cartonné à l'anglaise et orné de 50 vignettes gravées sur bois par Porret, d'après les dessins de Tony Johannot ;
PRIX :
Papier cavalier vélin d'Annonay, satiné. . . . 15 fr.
Papier de Hollande, tiré à 12 exemplaires. . 30 fr.
Papier de couleur, tiré à 6 exemplaires. . . . 60 fr.
Papier de Chine, tiré à 6 exemplaires. . . . 120 fr.
A Paris, chez DELANGLE FRÈRES, éditeurs-libraires, rue du Battoir-Saint-André-des-Arcs, n. 19.

« *cognitus*. J'en parlerois au contraire, si mon
« impartialité ne l'emportoit sur toute autre con-
« sidération, comme Corneille de Richelieu :

> « *Il m'a fait trop de bien pour en dire du mal;*
> « *Il m'a fait trop de mal pour en dire du bien.*

« C'étoit un de ces êtres accidentellement iden-
« tiques à notre existence, dont nous sommes
« obligés de tolérer l'intimité indivisible pen-
« dant toute la vie, sans concevoir à leur égard
« ni une affection ni une haine permanente, et
« dont nous recevons cependant tour à tour ces
« deux impressions, suivant les dispositions de
« notre esprit, et surtout suivant celles de nos
« affaires; balancés d'heure en heure entre le
« besoin de nous affranchir violemment d'un
« tyran incommode, et celui d'accueillir toutes
« ses fantaisies, de caresser tous ses caprices, et
« de lui prodiguer du temps, de l'or et des ho-
« chets. Heureusement, il a creusé entre nous
« un intervalle immense en abordant la péril-
« leuse et ridicule carrière des lettres, et en
« vendant son esprit aux monopoleurs et aux
« libraires :

Puisqu'Albe l'a nommé, je ne le connois plus.

« Ou plutôt je le connois assez pour être sûr
« qu'il n'attend de moi qu'une impartialité ri-
« goureuse, dont cet article sera probablement
« le seul exemple dans tous les journaux passés,
« présents et à venir.

« Jusqu'ici la réputation de l'auteur dont nous
« parlons est due tout entière à la vogue mo-
« mentanée d'un morceau d'éloquence qui avoit
« pour titre : *Éloge d'une maîtresse pantoufle*,
« et qui resta inédit après avoir fait pendant trois
« séances consécutives les délices de la *Société*
« *des Bonnes-Lettres*. Il est vrai qu'à la dernière
« lecture, l'anagnoste accablé s'endormit si pro-
« fondément qu'avant qu'il pût s'en apercevoir,
« le manuscrit entra en communication immé-
« diate avec la flamme de la bougie, et se consu-
« ma jusqu'à l'angle presque imperceptible de
« sa partie inférieure qui restoit machinalement
« saisi entre le pouce et l'index du patient, de
« sorte qu'il n'en existe aujourd'hui que des ves-

« tiges imparfaits, dans lesquels l'infatigable An-
« gelo Maï et le docte Furia ont eu beaucoup de
« peine à retrouver vingt-deux mots, et un point
« d'exclamation, dont il seroit absolument im-
« possible de composer un sens logique, et même
« un non-sens romantique, aussi absurde qu'on
« puisse l'imaginer.

« Nous n'avons donc à le juger que sur ceux
« de ses ouvrages qui ont subi l'épreuve de la
« publicité (si l'on peut appeler publicité l'exi-
« stence d'un livre imprimé qui n'est pas lu),
« c'est-à-dire sur un petit volume de poésies,
« composé au collége, ou du moins à l'âge où
« l'on devroit être au collége, et sur un mince
« roman dont le succès, inconnu de tout ce qui
« s'occupe de littérature et de critique, a été
« vivement contesté pendant un mois chez les
« marchandes de modes. On jugera du mérite
« des vers par l'oubli total où ils sont tombés au
« bout de deux jours, cinq heures et quelques
« minutes, quoique recommandés par une af-
« fiche coquette à cadre de filigrane, et ornés
« d'une délicieuse vignette de Devéria.

« Comme nous nous proposons d'être justes
« avant toutes choses, nous aimons à reconnoî-
« tre que la prose du pseudonyme Théodore
« n'est pas tout-à-fait aussi mauvaise que ses vers;
« qu'elle n'est même pas dépourvue de ce luxe
« fluide de syllabes, de cette pompe arrangée
« des mots, de cette faconde *parlière,* comme
« dit Montaigne, *ampullas ac sesquipedalia*
« *verba,* comme dit Horace, qui séduisent jus-
« qu'à un certain point les oreilles peu exercées
« et les esprits peu judicieux; mais ce bourdon-
« nement de phrases sonores, si laborieusement,
« si péniblement étudiées sur toutes les touches
« de la parole humaine, si infructueusement sou-
« mises à un diapason dont la vibration n'est sen-
« sible que pour le très-petit nombre des *dilet-*
« *tanti* de la prosodie, cette mélodie déplacée
« est jetée sur des conceptions si nulles, si dé-
« nuées de goût et de raison, si faussement sai-
« sies et si gauchement ordonnées, que nous ne
« l'avons jamais entendue retentir à travers le
« vague immense des idées de l'auteur, sans
« crier, comme Fontenelle à la sonate : *Prose!*
« *que me veux-tu?* et sans regretter du fond de

« notre cœur l'inimitable naïveté du *Petit Cha-*
« *peron rouge,* ou l'énergie gothique de *Robert-*
« *le-Diable.*

« Il faut avouer cependant que de toutes les
« extravagances dont s'est avisé le plus obscur,
« hélas! et le plus infatigable des arrangeurs de
« périodes (c'est lui-même qui a trouvé pour
« elles l'heureuse comparaison de l'instrument à
« cordes qui ne résonne que parce qu'il est
« vide), il n'y en a point d'aussi pitoyable que
« l'*Histoire du roi de Bohême et de ses sept*
« *châteaux.* Nous doutons en vérité qu'il existe
« dans aucune langue un terme propre à carac-
« tériser l'intrépidité du scribe téméraire qui
« n'a pas craint de contrefaire gauchement ce
« que le talent même ne sauroit imiter, l'origi-
« nalité d'un écrivain unique dans son espèce et
« à jamais unique dans tous les âges; car si Sterne
« avoit été réservé par la providence du génie,
« à cette époque raisonnable, sérieuse et puis-
« sante, où toutes les vérités utiles peuvent se
« montrer sans masque, il auroit jeté bien loin
« de lui la béquille de Trim et les grelots de

« Tristram ! Il y avoit cependant au fond de son
« ingénieuse satire un intérêt, une famille, une
« action, un roman. Dans l'ébauche insignifiante
« du copiste, je ne vois que la fastidieuse paresse
« d'un *phrasier* de profession, qui couvre le pa-
« pier de mots tirés au hasard à l'inépuisable lo-
« terie des dictionnaires, et lancés avec fracas au
« travers d'un livre comme les dés du trictrac.
« Cette monomanie sans exemple ne peut même
« s'expliquer que par un accident physique, tel
« que l'action trop verticale des rayons du so-
« leil auxquels l'auteur a exposé imprudemment
« dans ses voyages lointains la boîte osseuse dont
« les physiologistes font le mystérieux *scrinium*
« de nos facultés rationnelles, et qui ont telle-
« ment desséché, à travers la frêle enveloppe de
« son sinciput trois fois trépané, ce long chiffon
« nerveux roulé en tampon qu'on appelle vul-
« gairement le cerveau, que celui de notre au-
« teur est réduit, de l'avis de tous les anatomis-
« tes, à des proportions incomparablement infé-
« rieures en dimension, consistance et capacité,
« à celles de l'organe occulte qui tient lieu du
« *sensorium commune* au plus petit des animal-

« cules microscopiques, vulgairement connus
« dans la science sous le nom d'infusoires.

« Il devra les ménagements dont nous avons
« usé envers lui à cette considération, et pour
« les porter, avec toute la bienveillance dont
« nous sommes capables, à leur expression su-
« perlative, nous conviendrons qu'il n'est pas
« donné à tout le monde d'étaler, au courant de
« la plume, tant de cynisme pédantesque et tant
« de grotesque érudition. Ce faste de science mal
« placée n'annonceroit cependant que de fortes
« études mal faites par un homme qui se soucioit
« peu d'apprendre et qui se souvient mal d'avoir
« appris; mais nous avons d'excellentes raisons
« de penser que son savoir se réduit à quelque
« adresse de mémoire. Ce que nous aimerions
« mieux trouver dans l'*Histoire du roi de Bo-*
« *hême et de ses sept châteaux,* et ce que les
« lecteurs y chercheront vainement, ce sont des
« aperçus fins, la critique du temps, la satire de
« circonstance, et surtout la gaîté. L'idée d'écrire
« un livre pareil quand on n'a jamais été remarqué
« par l'esprit de saillie, qu'on est devenu triste,

« et qu'on est presque vieux, est une de ces ex-
« travagances malencontreuses qui n'ont signalé
« de tout temps que des esprits disgraciés. N'est-
« ce pas une singulière ambition à un écrivain
« profondément morose, que paroissent ulcérer
« d'incurables douleurs, que de se jouer avec
« une marotte? N'est-ce pas une folle déception
« que celle d'un homme sérieux d'études et de
« mœurs, qui essaie de réjouir les curieux au
« bruit d'un grave tambourin et d'un galoubet
« sentimental? Quelle prétention ose-t-on fon-
« der sur une pareille entreprise? Celle, peut-
« être, de passer, dans un avenir de quelques
« semaines, pour le plus jovial des écrivassiers
« mélancoliques, ou pour le plus triste des ro-
« manciers bouffons! Il y a, je l'avoue, dans
« cette combinaison extraordinaire de la folle
« ironie d'un esprit aigri, et du sombre désabu-
« sement d'un cœur trompé, quelque chose qui
« mérite plus de pitié que de dérision; mais c'est
« un de ces malheurs de position dont le public
« ne tient pas compte aux auteurs qui l'en-
« nuient; et nous serions bien surpris s'il exis-
« toit en Europe un désœuvré assez dénué de

« sens, ou un prodigue assez dégoûté d'argent
« pour laisser tomber sur le comptoir du li-
« braire la plus petite fraction de la plus menue
« monnoie du plus vil métal qui ait été illustré
« d'une effigie impériale, royale ou consulaire,
« en échange de ces feuilles ineptes, noircies
« d'encre d'imprimerie à la honte de la civilisa-
« tion.

« Ce texte nous amène naturellement à solli-
« citer de la haute sagesse des chambres une loi
« de répression contre les barbouilleurs ignares
« qui font du bienfait de la presse un sujet d'op-
« probre pour le genre humain, en avilissant
« l'art divin des maîtres de la pensée et du style.
« Ce sera le sujet d'un autre article. »

(La suite au numéro prochain.)

Conversation.

DON PIC DE FANFERLUCHIO.

Comment, monseigneur, sans égard pour notre haute position sociale!!!

Sans respect pour notre littérature principesque!!!

—Oh! rare et généreuse fierté de l'homme de lettres digne de ce nom!!!

— Oh! que j'ai toujours admiré la noble indépendance du journaliste qui a pris pour devise le VITAM IMPENDERE VERO du philosophe genevois!

THÉODORE,
avec un dépit concentré.

Dites plutôt le NIL MIRARI de Bolingbroke!

BRELOQUE,
avec une assurance qui ne témoigne pas en faveur de sa modestie.

Heureusement, nous pouvons nous couvrir comme d'un bouclier de la devise de Marot :

LA MORT N'Y MORD.

DON PIC DE FANFERLUCHIO,
un peu ironiquement.

En y joignant celle de Montaigne :

QUE SAIS-JE?

Ou celle de La Motte Le Vayer :

DE LAS COSAS MAS SEGURAS,

LA MAS SEGURA ES DUDAR.

THÉODORE,
un peu dédaigneusement.

Ils l'ont prise l'un et l'autre à Rabelais qui avoit dit :
PEUT-ÊTRE.

DON PIC DE FANFERLUCHIO,
d'un air fin.

D'ailleurs, nous avons pour ressource la devise de maître Abraham Wolfganck :
QUÆRENDO.

THÉODORE,
d'un ton amer.

Ou celle du Mercure galant :
VIRES ACQUIRIT EUNDO.

DON PIC DE FANFERLUCHIO,
en s'élançant linéairement de toute sa perpendicularité.

Ou celle du président d'Espagnet :
J'ESPÈRE.

BRELOQUE,

en se trémoussant concentriquement de toute sa convexité.

Ou celle de Faret, de Boissat, de Giry, d'Alary, de l'abbé Cottin, et de quarante autres de la même force :

A L'IMMORTALITÉ !

THÉODORE,

avec l'intention marquée d'éloigner la conversation de son premier objet.

Si je prenois une devise, je m'en tiendrois à celle de Tabourot :

A TOUS ACCORDS.

DON PIC DE FANFERLUCHIO,

avec le dessein prononcé de transporter la question sur un terrain scientifique.

Je préfère la mienne qui me paroît contenir en abrégé toutes les Encyclopédies, et que j'appellerois volontiers l'*Epitome*, l'*Elenchus*, le *Pinax*, le *Compendium* de la sagesse humaine :

OUI OU NON.

BRELOQUE.

J'aime mieux : ni oui ni non. Et je ferois graver celle-là sur mes lambrequins si je n'en avois pas une autre.

THÉODORE.

Comment, Breloque, vous avez une devise?

BRELOQUE.

Eh! qui en doute, monseigneur! Vous n'avez donc pas vu mon portrait emblématique dans votre galerie de tableaux? J'ai le pied droit appuyé sur la nacelle d'un aérostat, et le pied gauche sur la proue d'un bateau plongeur. Je tiens d'une main une grosse touffe de boutons de roses, et de l'autre un pavot sec. Un papillon éblouissant caresse mes oreilles et mes cheveux de ses ailes bigarrées. Une chauve-souris énorme les bat de ses noires membranes, toute prêtes à se replier autour de son corps velu. A ma dextre est mon écu d'armes, mi-parti, sur azur et sable, d'un phœnix d'or et d'un chien noyé. Et au-dessous de tout cela, ma devise en lettres ultrà-capitales :

QU'EST-CE QUE CELA ME FAIT ?

Combustion.

Il est trop vrai....... *infandum jubes renovare dolorem...*

Il est trop vrai que l'*Éloge d'une maîtresse pantoufle* qui auroit été scellé un jour dans le piédestal de ma statue littéraire — je n'ai pas renoncé aux autres — a disparu dans un incendie partiel et borné, mais dont le résultat fait frémir...

C'est depuis ce temps-là qu'on ne parle plus

de la piteuse conflagration de la bibliothèque de Baruch, qui ne se composoit à la vérité que des prophéties de Jérémie, et que fit ardre un certain Joakin, roi de Juda;

De la bibliothèque de Cnide qui fut dévouée aux flammes par Hippocrate, en punition de la crédule confiance du peuple dans un médicastre ignorant, assez audacieux pour guérir incongrument et sans licence les malades de ce grand homme;

De la bibliothèque des Ptolémées avec laquelle Omar fit à l'islamisme un feu de joie de quatre cent mille volumes, et dont les cendres refroidies depuis douze siècles coûtoient encore des larmes à mon vénérable ami M. Boulard;

De la bibliothèque de Julien que nous appelons l'Apostat, laquelle le pieux Jovien brûla dévotement dans le temple de Trajan, sur les conclusions de sa commission de censure;

De la bibliothèque de Byzance qui périt sous

le règne de Basilicus ou Basiliscus, dans un mouvement populaire. (C'est là que se trouvoit ce fameux intestin de dragon sur lequel tous les poëmes d'Homère étoient écrits en lettres d'or, et dont nous ne verrons peut-être jamais le *fac-simile*, à cause de la grande rareté des dragons);

D'une seconde bibliothèque Byzantine qui avoit été formée par Théodose, et que Léon Isaure, auquel je pardonne plus volontiers d'avoir été hérétique et magicien que d'avoir été barbare, fit brûler impitoyablement par male haine contre le culte des saintes images, au grand dam des bibliothécaires qui brûlèrent avec;

De la bibliothèque hébraïque de Crémone, qui renfermoit douze mille volumes de beaux commentaires sur les commentaires du Talmud, qui est le commentaire des commentaires du Pentateuque, laquelle flamba en 1553. Quelle perte pour la synagogue!

De la bibliothèque de Londres qui disparut

en 1666 dans la catastrophe de cette belle capitale, mais à l'insu du pape et de ses adhérents, quoi qu'en dise l'insolente et calomnieuse colonne de Christophe Wren;

De la bibliothèque du savant astronome Hevelius, de Dantzick, et de celle du prodigieux antiquaire Olaüs Rudbeck, d'Upsal, dont quelques rares volumes échappés au fléau destructeur exhalent encore une odeur de roussi fort estimée des bibliomanes;

De la bibliothèque de cet excellent Thomas Bartholin, que je vous supplie d'absoudre en ma faveur de quelques doctes et naïves gaillardises, et qui s'écrioit sagement à la nouvelle de son malheur : *Liberi mei salvi sunt, libri valeant;* sentiment plein de grâce et de philosophie qui peut faire excuser un jeu de mots;

De la bibliothèque du sage et modeste Valincour, philosophe vrai, qui avoit appris en lisant ses livres à se passer de ses livres, et qui méritoit un ami plus sensible que Boileau;

Du magasin de maître Pierre Le Petit, notre modeste Elzevir, et de celui de ce pauvre monsieur Trattner de Vienne, dont j'ai vu les solives brûlantes exhaler en fumée les doctes élucubrations de Scopoli. —

Grands dieux! de quoi dépendent les longues sollicitudes de la patience et du génie dont Buffon ne faisoit qu'une même chose! A quoi tiennent les jouissances expectatives de la postérité qui n'étoit représentée là par personne; de cette postérité orpheline, *longè orba,* dont une attention prévoyante, mais facile, auroit ménagé les joies futures, soit en réveillant des éclats d'une toux auxiliaire le lecteur fatigué, soit en détournant, par un geste adroit, du foyer de la lumière ces pages que je destinois à l'immortalité!

O Guttemberg... ou Geinsfleich! car cela m'est tout-à-fait égal; à quoi servoit-il que tu inventasses la typographie je ne sais où, et je ne sais quand, et que tu la misses en honneur à Mayence?

Ou que tu fisses la même chose, industrieux Mentel, dans l'inclyte ville de Strasbourg?

Ou toi-même, laborieux Coster, génie créateur et prodigieux que n'assoupirent point les maussades vapeurs des marais d'Harlem, qui me donnèrent l'an dernier un *coriza* si obstiné! —

Ou tout autre que vous qui auroit eu la même idée, fût-ce à la Chine! —

Qu'importoit que Nicolas Jenson dessinât ces caractères admirables que nos architypographes ne surpasseront jamais? que Laurent François de Alopa lui opposât les merveilleuses capitales qui servirent aux belles éditions de Lascaris? et que le vieil Alde rivalisât de grâce et d'imagination avec eux dans la taille svelte et gracieuse de ses brillantes italiques?

Pourquoi Geoffroy Tory se creusoit-il la tête à mesurer la proportion des lettres attiques, antiques ou romaines? —

Duret, à retrouver la protographie d'Adam,

Les cabalistes, l'hagiographie de Salomon,
Les prêtres égyptiens, l'hiérographie d'Horus,
Les bonzes et les lettrés, l'idéographie de Fo-Hi,
Les voyageurs et les missionnaires, l'anthographie du Mexique et du Pérou;
Des antiquaires ingénieux, à épeler sous des manuscrits avarement superposés les piquantes énigmes de la palinpsestographie,
Jarry, à perfectionner la calligraphie,
Kircher, à découvrir ou renouveler la polygraphie,
Legangneur, la technographie,
Et, de surcroit, la rizographie;
Vigenère et Colletet, la pseudographie,
Du Carlet, la cryptographie,
Du Vignau, la mimographie,
Ramsay, la tachéographie,
Coulon-Thévenot, la tachygraphie,
Taylor et Bertin, la sténographie,
Schott, Hiller et Addy, la stéganographie,
Uken, la stéganométrographie,
Leibnitz, précédé par Wilkins, qui a été précédé par Dalgarno, qui a été précédé par l'Almanach de Nuremberg, la pangraphie,

Chappe, à la suite de Polybe, la télégraphie,
Le pauvre et modeste Fyot, l'archæographie,
De savants bénédictins, la palæographie,
Firmas, la palingraphie,
Maimieux, la pasigraphie,
Bricaille, la panlexigraphie,
Susse, la mnémographie,
Dublar, la multilinégraphie,
L'Athénée de Marseille, la panteugraphie,
Boinvilliers, d'après Joubert, la cacographie,
Vidal, la notographie,
Sennefelder, la lithographie,
Je ne sais quel anonyme, l'autographie,
D'où a procédé en droite ligne la sotte et disgracieuse isographie;
Baïf, Taillemont, Meigret, Pelletier, la Ramée, Rambaud, Richesource, Cordemoy, Adanson, Rétif de la Bretonne, et autres puissants grammairiens de ce calibre, la phonographie,
Et Tohu-Bohu, la néographie?

Je le demande!......

Inutiles efforts, travaux infructueux!

puisque du seul livre essentiel de notre temps, du seul écrit simplement humain qu'un homme d'un sens droit et d'une saine intelligence eût aujourd'hui quelque intérêt à conserver, il ne me reste exactement parlant que vingt-deux petits fragments brûlés par les bords, que vous ne saisiriez que trop facilement avec l'index et le pouce, et entre lesquels il n'existe pas, comme on vous le disoit tout à l'heure, un foible point de contact moral, une légère analogie philosophique, une vague possibilité d'association oratoire ou de parenté grammaticale, dont le commentateur le plus subtil puisse tirer l'induction la plus fugace pour le bonheur éventuel des sociétés modernes!...

Et toutefois, je ne sais quelle crainte de laisser abandonnés aux interprétations malveillantes de la haine et de l'hypocrisie, ces débris de ma pensée écrite, —

Je ne sais quelle conscience irrésistible d'une vague clarté, d'une raison inaperçue qui les anime encore... —

Je ne sais quel besoin de vous léguer, ô mes amis, sur ces follicules quasi ou *ferè*-sibyllines, l'empreinte éparse et décousue de mes derniers sentiments, —

Le besoin surtout de complaire à mon imprimeur en vous offrant ci-contre le *specimen* d'une fonte qui fera tressaillir l'ombre de Sanlecque et celle de Garamond : —

Tout cela me décide à jeter sous vos yeux, dans l'ordre où ils tombent sous ma main, ce peu de mots échappés aux flammes et à la critique, *combusti membra poetœ!*...

. . . .

Explication.

PANTOUFLE! que signifie ce mot?

Quelle est son acception usuelle?

Où trouve-t-on sa définition logique?

De quelle langue ancienne ou moderne est tirée son étymologie?

Est-il indigène ou exotique?

Est-il autochtone ou de seconde formation?

Est-il radical ou dérivé?

Représente-t-il un fait matériel, ou cache-t-il un emblême?

L'auteur l'emploie-t-il au sens propre ou au sens figuré?

Et si le pudique et pieux censeur auquel ce livre sera nécessairement soumis, avant de s'introduire dans les séminaires et dans les lycées, alloit supposer...

Jamais! cette odieuse interprétation est d'une époque étrangère à nos mœurs. Elle ne sauroit présenter la moindre apparence de vérité à cette génération grave et modeste qui ne sourit qu'en rougissant aux bouffonneries cyniques de Rabelais, et qui oublie depuis long-temps dans la boue la marotte effrontée de Diderot, de Duclos et de Crébillon.

La pantoufle dont il est question ici est tout simplement celle de mon gracieux maître Popocambou-le-brèche-dent, 42,663° autocrate de Tombouctou, sous le règne duquel fut élevée cette fameuse pyramide que Philon de Byzance n'a pas comptée au nombre des merveilles du monde, parce que du temps de Philon de Byzance on alloit fort rarement à Tombouctou. Elle égale dix-huit fois en hauteur la tour de Babylone qui surpassoit d'autant la pyramide de Chéops, et elle est bâtie sur la pointe...

Soit préjugé de l'éducation, soit prévention invétérée de l'habitude —

Soit entêtement politique, soit fanatisme religieux —

Soit instinct, soit expérience de ce que valent les choses du monde, — Popocambou, depuis qu'il étoit parvenu au pouvoir, n'avoit rien vu qui lui parût préférable à cette pantoufle.

Il y pensoit le jour. Il y pensoit la nuit. Il y pensoit le soir. Il y pensoit le matin.

Il se tournoit sur le côté gauche. Il se tournoit sur le côté droit. Il se couchoit sur le ventre. Il se couchoit sur le dos. Il ne rêvoit que de cette pantoufle.

Il est vrai que cette pantoufle n'étoit point à

dédaigner. On auroit fait bien du chemin sans rencontrer une pareille pantoufle.

C'étoit une pantoufle fourrée,
C'étoit une pantoufle ouatée,
C'étoit une pantoufle satinée,
C'étoit une pantoufle raffinée,
C'étoit une pantoufle perfectionnée,
C'étoit une pantoufle d'hiver, c'étoit une pantoufle d'été;

C'étoit une pantoufle élégante, une pantoufle svelte, une pantoufle de bonne mine, une pantoufle distinguée;

C'étoit une pantoufle bien conditionnée, une pantoufle qui n'étoit ni trop large ni trop étroite, une pantoufle solide, une pantoufle élastique, une pantoufle moelleuse, une pantoufle confortable, une pantoufle essentielle;

C'étoit une pantoufle qui ne faisoit pas le plus petit pli;

C'étoit une pantoufle naïve, une pantoufle naturelle, une pantoufle sans manières et sans prétentions, une pantoufle qui ne se donnoit ni les airs éventés du brodequin, ni les airs avantageux du cothurne, et que vous auriez reconnue de cinquante pas pour une honnête pantoufle.

Ce n'étoit pas une pantoufle arriérée, une pantoufle gourmée, une pantoufle à quatorze quartiers, une pantoufle loyoliste, une pantoufle ultramontaine, une pantoufle absolutiste;

Ce n'étoit pas une pantoufle raisonneuse, une pantoufle libérale, une pantoufle industrielle, une pantoufle légale, une pantoufle électorale, une pantoufle d'opposition;

Ce n'étoit pas une pantoufle antique, une pantoufle systématique, une pantoufle aristotélique, une pantoufle économique, une pantoufle encyclopédique, une pantoufle académique, une pantoufle classique;

Ce n'étoit pas une pantoufle gothique, une pantoufle mystique, une pantoufle éclectique, une pantoufle romantique, une pantoufle germanique, une pantoufle frénétique;

C'étoit une excellente petite pantoufle;

C'étoit une de ces pantoufles dont on voudroit n'ôter jamais le pied.

C'étoit la reine des pantoufles!

Annotation.

Son étymologie, dites-vous?

Je ne me suis pas dissimulé qu'il auroit été notablement utile, dans un ouvrage destiné à devenir classique, de consacrer au moins un chapitre supplémentaire à l'importante matière que Baudouin a si superficiellement effleurée dans son traité *de Pantoufflis veterum*; mais ce travail auroit exigé des recherches si prodigieuses que le volume eût risqué de ne pas paroître avant la bonne édition du Dictionnaire de l'académie, et en fait de nouveautés piquantes on ne sauroit trop éviter la concurrence.

Et puis vous seriez effrayés de la pauvreté des notions anciennes et modernes sur la seule valeur étymologique du mot *pantoufle!*

Πᾶν est un monosyllabe grec dont tout le monde connoît le sens, dit Schrevelius; ou dont tout le monde est libre de chercher le sens, page 723 de mon Dictionnaire, dit M. Planche.

Sous la seizième lettre de l'alphabet, dit Scapula.

Henri Étienne, qui a tant à se plaindre de Scapula, ne dit pas le contraire.

Pour *toufle*, je donne un demi-pied de mon nez si je sais d'où il vient, dit Turnèbe, qui avoit réellement le nez assez long pour se permettre cette saillie.

« Il pourroit venir, répondit don Pic en sou-
« riant, du syriaque *tophel*, ou de l'allemand
« stiffel, qui est le même que l'italien *sti-
« vale*. —

« Mais il est probable que le nom de la pan-
« toufle est produit du grec πατεῖν et du grec
« φολλεος, qui signifient en composition une
« chose creuse qui sert à marcher. —

(Ce qui est, par parenthèse, une excellente
définition des pantoufles.)

« A moins que vous n'aimiez autant qu'il soit
« fait de πατεῖν et de τόφος, parce que la pan-
« toufle est une chaussure propre à fouler des
« terres friables et légères : et je ne vous con-
« seillerois pas d'en user sur les pavés an-
« guleux de Vire, sur les galets pédicides de
« Fécamp, et sur le gravier roulant du Lido de
« Venise.

« Je m'arrêterois peut-être même à cette ex-
« plication si je n'éprouvois soudainement la

« conviction profonde que l'élément complétif
« à la recherche duquel nous venons de nous
« égarer trop long-temps, n'est autre que φελλός,
« nom grec du liége dont on fait ordinaire-
« ment la semelle des pantoufles, *quod est pro-*
« *bandum.* »

—Eh! qui en doute, m'écriai-je, en repoussant du pied un vieux tabouret de paille défoncé qui n'avoit pas besoin de ce dernier échec.

Que m'importe, à moi, l'origine et le sens de *pantoufle*, ajoutai-je en m'arrachant brusquement de cette chaise longue que j'ai acquise à l'encan de Matanasius, et en m'élançant vers la porte pour me soustraire au démon qui me crucifioit impitoyablement à sa sotte étymologie.

Je serois vraiment bien fou, dis-je en ramenant les deux battants sur moi, de me faire du mauvais sang pour savoir lequel de τοφος ou de φελλός est entré élémentairement dans la construction du nom d'une pantoufle!

Et s'il me plaît de m'ennuyer ce soir, pensai-je en traversant le carré, n'est-ce pas jour de Bouffes et séance à l'Athénée? D'ailleurs, repris-je en
    descendant
            les
                sept
                      rampes
                          de
                              l'escalier.

— D'ailleurs, la semelle de Popocambou n'étoit pas dé liége. Elle étoit de cabron.

Que dit monsieur? demanda le portier en ouvrant son vasistas, ou **was ist das** de verre obscurci par la fumée, et en y passant sa tête grotesque illuminée de rubis d'octobre.

— Je dis qu'elle étoit de cabron.

Observation.

―――

. . . .
. . . . . Sur quoi je dois faire observer une fois pour toutes — ces chapitres demandant une explication qui auroit dû les précéder : —

Mais cette observation est inutile pour les lecteurs qui commenceront le livre par la fin.

. . . Que le mot *pantoufle* est pris dans cet exemple au nombre singulier, parce que ledit nombre représente sa valeur intrinsèque et virtuelle, et non en raison de la figure nommée *métonymie*, au moyen de laquelle on prend la partie pour le tout — ou de la figure nommée *synecdoche*, qui a exactement la même propriété; ce qui me porte à croire qu'il y a au moins une de ces figures de trop.

— Et il en seroit autant des pantoufles de Popocambou si ce grand prince avoit eu plus d'une pantoufle...

Non qu'il faille conclure de là avec Orus Apollo que Popocambou étoit monopode comme les gaînes d'Hermès;

Ou avec messieurs de l'Académie celtique, qu'un de ses pieds étoit nu, plat, membraneux et palmé, comme celui de la reine Pédauque;

Ou, ce qui seroit plus vraisemblable, qu'il avoit une jambe de bois comme Agésilas, ou un pied bot comme Don Sébastien.

Le fait est que les lois constitutives de Tombouctou astreignent le souverain de ce pays-là, à se tenir debout sur un pied toutes les fois et pendant tout le temps qu'il vaque à l'exercice d'une de ses fonctions royales — ce qui n'impliqueroit pas en conséquence sévère qu'un roi de Tombouctou dût avoir toute sa vie un pied chaussé et l'autre nu. —

Mais le règne de Popocambou fut si fertile en entreprises colossales —

La construction de la grande pyramide détourna tant de bras de l'exploitation des communs états mécaniques —

Les matières premières nécessaires à la confection d'une pantoufle bien établie devinrent si rares —

Les théories économiques si parcimonieuses —

La politique si arithméticienne, et l'arithmétique si populaire —

Les majorités si ombrageuses et si tracassières, principalement en fait de pantoufles, qu'il n'y a pas d'exemple que la commission du budget ait

passé plus d'une pantoufle au roi de Tombouctou.

Heureusement, dit le roi, c'est une fort belle pantoufle.

Prétérition.

Si vous préfériez, cependant — et quel auteur peut deviner votre goût du lendemain ? —

Une scolie grecque...
Une atellane romaine...
Une farce gallique...
Une parade scandinave...
Une bouffonnerie celtique ou gothique...
Un bardit germanique...
Une mascarade italique...

Un saynète ibérique...
Un pismé illyrique...
Une chronique rabbinique...
Une fable talmudesque...
Une histoire bérésithiaque...
Un roman apocalyptique...

Vous n'avez qu'à parler, mesdemoiselles ! le sac de Breloque est plus riche dans ce genre que celui de Sammonokhodom. Breloque fait la figue, avec son sac, à l'*Edda* comme au *Koran*, à la *Voluspa* comme au *Védam*, au *Lamaastambam* comme au *Landnamabock*, au *Catéchisme* de Volney comme à l'*Almanach* de Matthieu Laensberg.

Vous me demanderez peut-être où Breloque a trouvé son sac ? Il en a hérité de Jean des Vignes.

Damnation.

Dans mon dernier voyage en Afrique, si l'idée que j'en ai conservée est autre chose qu'un songe, il m'est survenu je ne sais quelle aventure étrange dont je veux entreprendre de fixer le souvenir. Vaincu par la chaleur du jour, je m'abandonnois à la lente marche de mon cheval, sur les bords d'un fleuve que je ne nommerai point, parce qu'il n'a jamais eu de nom, quand tout-à-coup, à travers le rideau d'aloès aux girandoles d'or, de baobabs aux feuilles démesurées, et de roseaux géants qui voiloient ses rivages, m'apparut un petit esquif monté d'un seul homme qui suivoit négligemment le cours des eaux, sans s'occuper ni de la rame ni du gouvernail; et, au même instant, je vis un crocodile énorme qui saisissoit la poupe de ses mains écailleuses, et qui battoit les ondes de sa queue comme d'un fléau.

Je poussai un cri, mais tout avoit disparu, la barque, le monstre et le voyageur. Je m'arrêtai, frappé d'épouvante, et contenant difficilement mon cheval dont l'horreur n'étoit pas moindre que la mienne. Quel fut mon étonnement quand je vis l'onde se rougir de sang, et l'inconnu, indifférent pour ses blessures, aborder paisiblement auprès de moi, en marchant à la surface du fleuve, comme si elle avoit été surprise en un moment par une gelée boréale. J'avois à peine eu le temps de le regarder que ses traits s'étoient ineffaçablement gravés dans ma mémoire, car ceux qui l'ont vu ne doivent jamais l'oublier.

Sa taille étoit droite et élevée, ses mouvements souples mais subits, sa marche brusque et précipitée, non pas comme celle de la crainte, mais comme celle de l'impatience. Les détails de sa figure ne manquoient ni de régularité ni de grâce, et cependant leur ensemble étoit triste et menaçant. Sa bouche longue, ses lèvres étroites qui laissoient apercevoir en frémissant l'une contre l'autre des dents blanches et serrées, sa barbe épaisse et noire, son teint aduste et bronzé, ses joues creuses, moins basanées que livides, ses yeux profondément enfoncés d'où jaillissoient des regards de feu, comme l'éclair du fond d'une nue obscure, le contraste inexplicable des formes les plus puissantes de la vigueur, avec les vestiges infaillibles de l'âge et du temps, faisoient de cette physionomie une énigme que la raison humaine ne peut pas résoudre. Le premier sentiment que cet homme inspiroit, après celui de la terreur, étoit l'idée de cette pérennité que les artistes prêtent à leurs dieux. Comme son aspect physique appartenoit à toutes les époques de la vie, l'étrange costume qu'il avoit adopté appartenoit à tous les pays. Le bandeau rouge qui couvroit son front sembloit lui-même le signe d'initiation de quelque ordre monastique. Il portoit le turban de l'Orient, le doliman de l'Albanois, le pantalon du Basque, le plaid de l'Écossois, les espardilles de l'Espagnol. Sa ceinture de cuir écru renfermoit le cangiar de l'Esclavon, la zagaie du More et le stylet du Vénitien; mais il étoit facile de voir aux brillants dont elles étinceloient que ces armes de parade étoient le caprice du luxe et non la précaution d'une prudence inutile.

Comme il avoit les yeux tournés vers moi, et qu'il me couvroit d'un regard qui me figeoit le sang, je fus tiré de cette espèce de fascination par le hennissement d'un cheval qui n'étoit pas le mien. Je fis un mouvement, et je vis bondir à mes côtés le coursier de cet homme. C'étoit un de ces petits chevaux de Sibérie dont le poil ressemble à une laine crépue, et qui, au premier abord, offrent quelque chose de fantastique, comme les animaux imaginaires qui nous étonnent dans les rêves. Il bondissoit avec une légèreté incroyable, mais qui annonçoit plutôt de l'épouvante que de la joie. Ses yeux ardents et remplis d'une sorte d'intelligence humaine, témoignoient qu'il étoit amené en ce lieu par la puissance d'une volonté étrangère, et que toute son agilité surnaturelle ne pouvoit le soustraire à l'appel de son cavalier. Il y avoit d'ailleurs en lui quelque chose d'aussi mystérieux que dans l'incompréhensible inconnu. Son mors paroissoit d'un or pur, et se terminoit à des bossettes de rubis. Le filet qui assujettissoit sa tête avoit la flexibilité de la soie et le brillant du métal. Ses crins tressés de fil d'argent tomboient à longs flots, et balançoient des nœuds de cristaux et de pierreries, liés par des rubans couleur de feu;

son harnois étoit tout entier de ce cuir poli et parfumé que les Levantins tannent avec de l'encens, et son pied frappoit le sable d'un fer d'or aux clous de diamant. Le voyageur tomba d'un élan sur la housse de pourpre, et il alloit s'éloigner pour jamais, quand il sembla retenu par une de mes pensées, car je doute que j'aie eu la force de l'exprimer d'une voix intelligible.

Il resta donc immobile devant moi sur son cheval immobile, et tout restoit immobile autour de nous, jusqu'à la vapeur enflammée qui nous tenoit lieu d'atmosphère, jusqu'au nuage de sable rouge qui voiloit sur notre tête le soleil à son zénith, jusqu'au soleil même dont le disque, arrêté dans l'espace ainsi qu'au temps de Joshua, béoit sur ce lac de feu comme une bouche sanglante. On auroit cru la nature entière surprise de mort, si l'on n'avoit entendu se traîner au loin en sourds miaulements et en râlements lamentables la longue plainte du chacal, qui crie comme une femme qu'on égorge.

— « Vous voulez me connoître, dit-il, en pé-

« nétrant au fond de mon ame d'un regard acéré;
« et je consens à satisfaire votre curiosité, car je
« sais, à vous voir, que nous suivons la même
« route... »

Et pendant qu'il prononçoit ces paroles, il avoit saisi le bridon de mon cheval, et il m'emportoit dans la course du sien avec une rapidité dont aucun des souvenirs de notre vie terrestre ne peut donner l'idée, mais qui avoit cela d'étrange que je n'en éprouvois pas même le mouvement, et que je me demandai un instant si ce n'étoit pas le désert, le fleuve et le ciel, qui fuyoient.

« — Vous le voulez, continua-t-il ! je vous ra-
« conterai une histoire, telle qu'il n'en a jamais
« été raconté de pareille... une histoire que je ne
« raconterois, ni pour le présent que je déteste,
« ni pour l'avenir que j'abhorre ; ni pour la
« gloire dont le nom ne tombe de ma bouche
« qu'avec dégoût, ni pour la fortune que je ra-
« virois si aisément aux prétendus heureux de
« la terre, si l'arrêt de ma condamnation ne m'a-
« voit pas comblé de trésors comme de dou-
« leurs... ni pour l'amour, la seule de ces illu-
« sions stupides qui laisse un regret après des
« siècles. Je ne vous la raconterois pas pour
« m'affranchir du plus grand forfait qui ait pesé
« sur la tête de l'homme, car ce crime est resté
« tout mon orgueil et toute ma joie. Je vous la
« raconterai pour obéir, infortuné que je suis,
« à la volonté de cet éternel tyran du cœur hu-
« main qu'on appelle l'enfer dans l'autre monde,
« et dans celui-ci la conscience. — Vous le vou-
« lez, continua-t-il, mais la révélation seule de
« mon nom vous laissera-t-elle la force ou la vo-
« lonté de m'entendre ? Homme mortel ! — et
« combien je vous envie ce privilége ! — homme

« indiscret et curieux, liez-vous d'une main
« ferme aux crins de mon cheval ! Je suis ce va-
« gabond, rebut éternel du monde, qui doit,
« plus infortuné que jamais, en devenir le
« maître. Je suis le JUIF-ERRANT. Je serai l'ANTE-
« CHRIST ! »

A cette horrible révélation, je sentis une sueur glacée ruisseler de mes cheveux, et, l'œil fixé sur le maudit, j'attendis chacune de ses paroles avec la terreur qui saisit le patient sous le fer lourd et froid du bourreau; mais je m'y accoutumai peu à peu comme un fiévreux au retour de son accès, comme la victime épuisée aux périodes de la torture.

Ce ne sont pas ces prestiges de l'ame que je puis essayer de faire partager au reste des hommes, car il n'y a rien qui soit capable de les rendre dans cette expression incertaine de nos idées qu'un soufle entraîne dans l'air, que la marche d'un petit insecte efface sur le sable, que la trace d'une plume détruit sur le papier. Un songe seul peut les communiquer à la pensée solitaire dans toute leur grandeur, et il ne faut rien moins pour les traduire qu'une faculté dont la Providence est avare.

— Quoi donc? dit Victorine.

— Le génie du légendaire de saint Gengulphe, ou de l'historien de Fortunatus. —

—Alors, reprit-elle, j'aimerois mieux l'autre!

Commémoration.

« Je vous ai dit, monsieur, que ma vie n'avoit
« pas manqué de quelque douceur, car le ciel a
« placé une douce compensation à l'infortune
« dans la pitié des bonnes ames. »

— Je reconnois cette voix, dit-elle, en laissant retomber gracieusement sa tête contre mon épaule. — ce doit être celle de Gervais. —

— Une autre fois, ma douce amie, je n'écrirai

que pour toi seule; mais un ouvrage solidement scientifique, et nourri d'une saine et utile instruction, comme l'*Histoire du roi de Bohême et de ses sept châteaux,* peut seul me conduire à la société d'émulation de Castelnaudary. — Et quelle ame, cependant, fut jamais plus inaccessible que la mienne aux vains prestiges de l'ambition et de la gloire? —

« Je jouissois de cette heureuse ignorance des
« maux, continua Gervais, quand la présence
« d'un nouvel hôte au village des Bois vint oc-
« cuper toutes les conversations de la vallée. On
« ne le connoissoit que sous le nom de mon-
« sieur Robert, mais c'étoit, suivant l'opinion
« générale, un grand seigneur étranger que des
« pertes irréparables et de profondes douleurs
« avoient décidé à cacher ses dernières années
« dans une solitude ignorée de tous les hommes.
« Il avoit perdu bien loin, disoit-on, une épouse
« qui faisoit presque tout son bonheur, puisqu'il
« ne lui restoit de leur union qu'un sujet d'éter-
« nel chagrin, une fille aveugle-née. On vantoit
« cependant à l'égal des vertus de son père l'es-

« prit, la bonté, les grâces d'Eulalie. Mes yeux
« n'ont pu juger de sa beauté, mais quelle per-
« fection auroit ajouté en moi au charme de son
« souvenir! je la revois dans mon esprit plus
« charmante que ma mère! »

— Elle est morte? m'écriai-je.

— « Morte? » reprit-il d'un accent où se con-
fondoient l'expression de la terreur, et celle de
je ne sais quelle inconcevable joie. « Morte? qui
« vous l'a dit? »

— Pardonnez, Gervais, je ne la connois point :
je cherchois à m'expliquer le motif de votre sé-
paration.

— « Elle est vivante! » dit-il, en souriant amè-
rement. Et il garda un moment le silence. « Je ne
« sais si je vous ai dit, ajouta-t-il à demi-voix,
« qu'elle s'appeloit Eulalie. C'étoit Eulalie, et
« voici sa place. »

Il s'interrompit encore. « Eulalie! » répéta Gervais en déployant sa main sur le rocher comme pour la chercher à côté de lui.

Puck lui lécha les doigts, et, reculant d'un pas, il le regarda d'un air attendri. Je n'aurois pas donné Puck pour un million.

— Remettez-vous, Gervais! Pardonnez-moi encore une fois d'avoir ébranlé dans votre cœur une fibre si vive et si douloureuse. Je devine presque tout le reste de votre histoire. L'étrange conformité du malheur d'Eulalie et du vôtre, frappa le père de cette jeune fille. L'intérêt que vous inspirez si bien, pauvre Gervais, ne pouvoit manquer de se faire sentir sur une ame exercée à ce genre d'impressions. Vous devîntes pour lui un autre enfant?

—« Un autre enfant, répondit Gervais, et notre
« Eulalie fut pour moi une sœur. Ma bonne mère
« adoptive et moi, nous allâmes loger dans cette
« maison neuve qu'on appelle *le château*. Les
« maîtres d'Eulalie furent les miens. Nous ap-
« prîmes ensemble ces arts divins de l'harmonie

« qui ravissent l'ame vers une vie céleste. Nous
« lûmes avec les doigts sur des pages imprimées
« en relief les sublimes pensées des philosophes,
« et les charmantes inventions des poètes. J'es-
« sayois de les imiter, et de peindre comme eux
« ce que je ne voyois pas; car la nature du poète
« est une seconde création dont les éléments sont
« mis en œuvre par son génie, et avec mes foi-
« bles réminiscences, je parvenois quelquefois à
« me refaire un monde. Eulalie aimoit mes vers,
« et que me falloit-il davantage? Quand elle
« chantoit, on auroit cru qu'un ange étoit des-
« cendu de la cime des monts terribles pour
« charmer la vallée. Tous les jours de la belle
« saison, on nous amenoit à cette pierre, qu'on
« appelle ici *le rocher des aveugles,* et où le
« meilleur des pères nous suivoit de tous les
« soins de l'amitié. Il y avoit alors autour de
« nous des touffes de rhododendron, des tapis
« de violettes et de marguerites, et quand notre
« main avoit reconnu une de ces dernières fleurs
« à sa tige courte, à son disque velouté, à ses
« rayons soyeux, nous nous amusions à en ef-
« feuiller les pétales, en répétant cent fois ce jeu

« qui sert d'interprète aux premiers aveux de l'a-
« mour : — Si la fleur menteuse se refusoit à l'ex-
« pression de mon unique pensée, je savois bien
« le dissimuler à Eulalie par une tromperie in-
« nocente. Elle en faisoit peut-être autant de son
« côté. Et aujourd'hui, cependant, il ne me reste
« rien de tout cela. »

En parlant ainsi, Gervais étoit devenu de plus en plus sombre. Son front si pur s'obscurcit d'un nuage de colère; il garda un morne silence, frappa du pied au hasard, et alla briser une rose des Alpes depuis long-temps desséchée sur sa tige; je la recueillis sans qu'il s'en aperçut, et je la plaçai sur mon cœur.

Quelque temps s'écoula sans que j'osasse adresser la parole à Gervais, sans qu'il parût s'occuper de poursuivre son récit. Tout-à-coup il passa sa main sur ses yeux, comme pour chasser une vision désagréable, et se retournant de mon côté, avec un rire plein de grâce : « — Ah, ah!... conti-
« nua-t-il, prenez pitié, monsieur, des foiblesses
« d'un enfant qui n'a pas su commander jusqu'ici

« aux troubles involontaires de son cœur. Un
« jour viendra peut-être où la sagesse descen-
« dra dans mon esprit, mais je suis si jeune en-
« core... »

—Je crains, mon ami, lui dis-je en pressant sa main, que cette conversation ne vous fatigue. Ne demandez pas à votre mémoire des souvenirs qui la tourmentent. Je ne me pardonnerois jamais d'avoir troublé une de vos heures d'un regret que vous sentez si profondément!

« — Ce n'est pas vous qui me le rappelez, ré-
« pondit Gervais. Il ne m'a pas quitté un instant,
« et j'aimerois mieux que mon ame s'anéantît que
« de le perdre. Tout mon être, monsieur, c'est
« ma douleur. Ma douleur, c'est ma dernière
« amitié. Nous n'étions plus qu'elle et moi. Il a
« bien fallu nous accoutumer à vivre ensemble;
« et je la trouve plus facile à supporter, quand
« un peu de bienveillance en allége, en m'écou-
« tant, le poids si tristement solitaire. Ah! ah! »
reprit-il en riant encore, « les aveugles sont cau-
« seurs, et on m'entend si rarement! »

Je n'avois pas quitté la main de Gervais. Il comprit que je l'entendois.

« — D'ailleurs, dit-il, tout n'est pas amertume
« dans mes souvenirs. Quelquefois ils me ren-
« dent tout-à-fait le passé : je m'imagine que
« mon malheur actuel n'est qu'un songe, et qu'il
« n'y a de vrai dans ma vie que le bonheur que
« j'ai perdu. Je rêve qu'elle est assise à cette
« place, un peu plus éloignée de moi qu'à l'or-
« dinaire, et qu'elle se tait, parce qu'elle est
« plongée dans une méditation à laquelle notre
« amour n'est pas étranger. O! si l'éternité que
« Dieu réserve aux ames bienveillantes n'est que
« la prolongation infinie du plus doux sentiment
« qui les ait émues, quel bonheur d'être surpris
« par la mort dans cette pensée et de s'endormir
« ainsi!

« Un jour nous étions assis sur ce rocher,
« comme tous les jours... et nous jouissions,
« dans une extase si douce, de la sérénité de
« l'air, du parfum de nos violettes, du chant
« de nos oiseaux, et surtout de celui de notre

« fauvette des Alpes, car tous les oiseaux des
« bois nous étoient connus, et ils voloient sou-
« vent à notre voix — nous prêtions l'oreille
« avec tant de charme au bruit de la glace dé-
« tachée par la chaleur, qui glisse en sifflant le
« long des aiguilles, et au balancement des eaux
« de l'Arveyron qui venoient mourir presque à
« nos pieds, que je ne sais quel pressentiment
« confus de la rapidité et de l'incertitude du bon-
« heur nous remplit en même temps d'inquié-
« tude et d'effroi. Nous nous pressâmes vivement
« l'un contre l'autre, nous entrelaçâmes nos bras
« comme si on avoit voulu nous séparer, et nous
« nous écriâmes ensemble : Toujours! toujours!
« — Je sentis qu'Eulalie respiroit à peine, et
« qu'elle avoit besoin d'être rassurée par toutes
« les forces que me donnoient mon caractère et
« mon courage d'homme : — Toujours, Eulalie,
« toujours! — Le monde, qui nous croit si mal-
« heureux, peut-il juger de la félicité que j'ai
« goûtée dans ta tendresse, que tu as trouvée
« dans la mienne? Que nous importe le mouve-
« ment ridicule de cette société turbulente où
« vont se heurter tant d'intérêts qui nous seront

« toujours étrangers, car la nature a fait pour
« nous mille fois plus que n'auroient fait les
« longs apprentissages de la raison ! Nous sommes
« pour eux des êtres imparfaits, et cela est tout
« simple ; ils ne sont pas encore parvenus à ap-
« prendre que la perfection de la vie consistoit à
« aimer, à être aimé. Ils osent nous plaindre,
« parce qu'ils ne savent pas que nous les plai-
« gnons. Cette dangereuse fascination que les
« passions exercent par le regard n'agira du
« moins jamais sur nous. Le temps même a per-
« du son empire sur deux aveugles qui s'aiment.
« Nous ne changerons jamais l'un pour l'autre,
« puisqu'aucune altération ne peut nous rebu-
« ter, aucune comparaison nous distraire. Le sen-
« timent qui nous unit est immuable comme le
« bruissement de notre Arveyron, comme le
« chant de nos oiseaux favoris, comme l'enceinte
« éternelle de ces rochers exposés au midi, au
« pied desquels on nous conduit quelquefois
« dans les jours incertains du mois de mai. Ce
« n'est pas le prestige de la beauté passagère
« d'une femme qui m'a séduit en toi, c'est quel-
« que chose qui ne peut ni s'exprimer quand on

« le sent, ni s'oublier quand on l'a senti. C'est
« une beauté qui appartient à toi seule, et que
« j'écoute dans ta voix, que je touche dans tes
« mains, dans tes bras, dans tes cheveux, que je
« respire dans ton souffle, que j'adore dans ton
« ame! J'ai bien étudié leurs amours dans les
« livres qu'on nous a lus, ou sur lesquels mes
« doigts ont pu chercher des pensées; et je te
« proteste que leurs avantages sur nous consis-
« tent en des choses de peu de valeur. Le soleil
« que j'ai vu autrefois fût-il dans tes yeux, je
« n'effleurerois pas de mes lèvres avec plus de
« volupté ces longs cils qui les ombragent, et sur
« lesquels ma bouche a recueilli deux ou trois
« larmes, quand tu étois plus petite, et qu'on se
« refusoit, contre l'usage, à satisfaire un de tes
« caprices. Je ne sais si ton cou est aussi blanc
« que les neiges de la grande montagne, mais il
« ne m'en plairoit pas davantage — et cependant
« voilà tout — O! si je jouissois de la vue, je
« supplierois le Seigneur d'éteindre mes yeux
« dans leur orbite, afin de ne pas voir le reste
« des femmes; afin de n'avoir de souvenir que
« toi, et de ne laisser de passage vers mon cœur

« qu'à ces traits que j'aurois vu sortir des tiens!
« Voir un monde, le parcourir, l'embrasser, le
« conquérir, le posséder d'un rayon du regard
« — étrange merveille! — Mais pourquoi?... pour
« étourdir mon ame d'impressions inutiles, pour
« l'égarer hors de toi, loin de toi, dans de fri-
« voles admirations, à travers ce qu'ils appellent
« les miracles de la nature et de l'art! et qu'au-
« rois-je à y chercher, si ce n'est une impression
« qui me rendît quelque chose de toi? Elle est
« bien meilleure et bien plus complète ici! In-
« concevable misère des vanités de l'homme! de
« ces arts dont ils font tant de bruit, de ces pro-
« diges du génie qui les éblouissent, nous en
« connoissons ce que le grand nombre apprécie
« le plus, la musique, la poésie. — On convient
« que nous avons des organes pour les goûter,
« une ame pour les sentir; et crois-tu cependant
« que jamais les chants divins de Lamartine aient
« retenti aussi délicieusement à mon oreille que
« le cri d'appel que tu me jettes de loin, quand
« on t'amène ici la dernière? Si Rossini ou Weber
« me saisissent d'un prestige plus puissant, c'est
« que c'est toi qui les chantes. Les arts, c'est toi

« qui les embellis, et tu embellirois ainsi la créa-
« tion dont ils ne sont que l'expression ornée ;
« mais je puis me passer de ces richesses super-
« flues, moi qui possède le trésor dont elles tire-
« roient le plus de prix ; car, enfin, ton cœur est
« à moi, ou tu n'es pas heureuse ! — Je suis heu-
« reuse, répondit Eulalie, la plus heureuse des
« filles ! — O mes enfants, dit M. Robert en unis-
« sant nos mains tremblantes, j'espère que vous
« serez toujours heureux, car ma volonté ne vous
« séparera jamais ! — Accoutumé à nous suivre
« partout des soins de cette tendresse attentive
« que rien ne rassure assez, il s'étoit rapproché
« de nous sans être entendu, et nous avoit en-
« tendus sans nous écouter. Je ne me croyois pas
« coupable, et j'étois cependant consterné. —
« Eulalie trembloit. — M. Robert se plaça — là —
« entre nous deux, car nous nous étions un peu
« éloignés l'un de l'autre... — Pourquoi pas, dit
« M. Robert, en nous enveloppant de ses bras, et
« en nous pressant tous les deux avec plus de
« tendresse encore qu'à l'ordinaire : — Pourquoi
« pas, en vérité ! — ne suis-je pas assez riche
« pour vous acheter des serviteurs — et des

« amis? — Vous aurez des enfants qui rempla-
« ceront votre vieux père, car votre infirmité
« n'est pas héréditaire. Embrasse-moi, Gervais;
« embrasse-moi bien, Eulalie; remerciez Dieu,
« et rêvez à demain, car le jour qui luira demain
« sera beau, même pour les aveugles!

« Eulalie passa des bras de son père dans les
« miens. Pour la première fois, mes lèvres trou-
« vèrent les siennes. Ce bonheur étoit trop com-
« plet pour être du bonheur. Je crus que ma
« poitrine alloit se briser. Je souhaitai de mourir.
« Hélas! je ne mourus pas!

« Je ne sais, monsieur, comment est le bon-
« heur des autres. Le mien manquoit de calme
« et même d'espérance. Je ne pus obtenir le
« sommeil, ou plutôt je ne le cherchai point,
« car il me sembloit que je n'aurois pas assez
« d'une éternité pour goûter les félicités qui
« m'étoient promises, et plus je cherchois à en
« jouir, plus elles échappoient à toutes mes pen-
« sées sous une foule d'apparences confuses. Je
« regrettois presque ce passé sans ivresse, mais
« sans craintes, où je ne redoutois rien parce
« que je n'avois compté sur rien. J'aurois voulu
« ressaisir ces pures voluptés de l'ame qui se
« passent de l'avenir dans un cœur d'enfant; où
« l'avenir, du moins, ne va pas plus loin que le
« lendemain. Enfin, j'entendis le bruit ordinaire
« de la maison; je me levai, je m'habillai sans
« attendre ma mère, je priai Dieu, et je gagnai
« la croisée qui donne sur l'Arve pour y raffraî-
« chir ma tête brûlante aux vapeurs des brumes
« matinales. Ma porte s'ouvrit. Je reconnus un
« pas d'homme. Ce n'étoit point M. Robert. Une
« main saisit la mienne. Monsieur de Maunoir!
« m'écriai-je. Il y avoit plusieurs années qu'il

« n'étoit venu, mais le bruit de sa démarche, le
« contact de sa main, je ne sais quoi de franc,
« d'aisé et de tendre qui ne se juge en particu-
« lier par aucun sens, mais qui s'éprouve par
« tous, m'étoit resté de lui dans la mémoire.
« C'est bien lui, dit-il en parlant à quelqu'un
« d'un son de voix un peu altéré, c'est mon pau-
« vre Gervais. Vous savez ce que je vous en dis
« dans le temps! — Après cela il imposa ses
« doigts sur mes paupières et les retint quelque
« temps élevées. — Ah! dit-il, la volonté de Dieu
« soit faite! Au moins, te trouves-tu heureux? —
« Bien heureux, lui répondis-je.. M. Robert dit
« que j'ai profité de ses bontés. Je sais lire com-
« me un voyant, et je suis aimé d'Eulalie. — Elle
« t'aimera davantage si elle te voit un jour, re-
« prit M. de Maunoir... — Si elle me voit, dites-
« vous? — Je pensai à ce séjour éternel où l'œil
« des aveugles s'ouvre à une clarté qui n'a plus
« de nuit. — Je ne compris pas.

« Ma mère m'amena ici suivant l'usage, mais
« Eulalie tarda beaucoup. Je cherchois à m'ex-
« pliquer pourquoi. Mon pauvre Puck alloit à sa

« rencontre, et puis il revenoit, et puis il re-
« tournoit toujours ; et quand il étoit bien loin,
« bien loin, il aboyoit avec impatience, et quand
« il étoit près de moi, il pleuroit. Enfin, il se mit
« à japer avec des éclats si bruyants, et à sauter
« sur ce banc avec tant de pétulance que je re-
« connus bien qu'elle devoit être près de nous,
« quoique je ne l'entendisse pas encore; je me
« penchai vers le côté d'où je l'attendois, et mes
« bras étendus trouvèrent les siens. M. Robert
« n'avoit pas cette fois accompagné ses domesti-
« ques, et j'en sentis sur-le-champ la raison, qui
« devoit être celle aussi du retard inaccoutumé
« d'Eulalie : j'avois oublié qu'il y eût des étran-
« gers au château.

 « Ce qu'il y a de bien étrange, monsieur, c'est
« que son arrivée, si vivement désirée, me rem-
« plit de je ne sais quelle inquiétude que je ne
« connoissois point encore. Je n'étois plus à mon
« aise avec Eulalie comme la veille. Depuis que
« nous devions tout l'un à l'autre, je n'osois plus
« rien demander. Il me sembloit que son père,
« en me donnant un nouveau droit, m'avoit im-

« posé mille privations. Je craignois d'exercer le
« pouvoir d'un mot, les séductions d'une ca-
« resse. Je sentois bien mieux qu'elle étoit à moi,
« et je redoutois bien plus de la toucher. J'aurois
« craint de la profaner, en écoutant son souffle,
« en effleurant sa robe, en saisissant de ma bou-
« che un de ses cheveux flottants. Elle éprouvoit
« peut-être le même sentiment, car notre con-
« versation fut quelque temps celle de deux per-
« sonnes qui se sont peu connues. Cela ne pou-
« voit pas durer long-temps. Les illusions de la
« dernière journée n'étoient pas encore vieillies.
« Puck avoit soin de nous les rappeler en bon-
« dissant de l'un à l'autre, comme s'il avoit souf-
« fert de nous voir si éloignés et si froids. Je me
« rapprochai d'Eulalie, et mes lèvres cherchè-
« rent ses yeux, le seul endroit de son visage
« qu'elles eussent touché jusqu'à la veille de ce
« jour-là. Elles y touchèrent un bandeau. — Tu
« es blessée, Eulalie!... — Un peu blessée, ré-
« pondit-elle, mais bien légèrement, puisque je
« passe avec toi la journée comme d'ordinaire,
« et qu'il n'y a entre ta bouche et mes yeux
« qu'un ruban verd de plus. —

« — Verd! verd! ô mon Dieu! et qu'est-ce
« qu'un ruban verd?...

« — J'ai vu, me dit-elle... je vois... — Et sa
« main trembloit dans la mienne, comme si elle
« m'avoit avoué une faute ou raconté un mal-
« heur. —

Érudition.

« — Il y a plus de sens que vous ne pensez dans
« la question de Gervais et dans la modeste réti-
« cence de votre Eulalie, s'écria don Pic. Ces
« pauvres jeunes gens auxquels je commence à
« m'attacher, et qui ont probablement reçu quel-
« ques bons principes de philologie verbale (par-
« ticularité que vous avez mal à propos omise
« dans votre récit), ces aimables enfants, dis-je,
« comprennent au même instant que le mot *ru-*
« *ban*, venant essentiellement du mot *rubens*,

« *gallicè,* rouge, rougeâtre ou rougissant, *ru-*
« *ban verd* est une de ces effrayantes cacologies,
« un de ces tropes téméraires qui mettent la
« grammaire à la torture et qui épouvantent la
« logique; de manière que l'exclamation de Ger-
« vais équivaut à celle-ci :

« O ! chère Eulalie ! comment vous permettez-
« vous cette barbare catachrèse?... — Et que la ré-
« ponse évasive d'Eulalie signifie implicitement :

« Je conviens avec vous, mon ami, que je me
« suis permis une barbare catachrèse, mais je suis
« si loin de vouloir la justifier que me voilà prête
« à parler d'autre chose.

— Moi aussi, dit Breloque. —

« — D'ailleurs, si Breloque veut me suivre un
« moment, reprit don Pic, c'est-à-dire le temps
« nécessaire pour ébaucher ma monographie du
« ruban verd...

— J'aime mieux boire, dit Breloque. —

« — Je considérerai trois choses dans le ruban
« verd :

Scilicet : { MATERIA.
COLOR.
OPUS vel FICTITIO. }

Primùm, MATERIA.

« *Id est, de animalibus, et præcipue de in-*
« *sectis setigenis in genere; item de bombycibus*
« *et bombylis; item de erucis, spectris, larvis,*
« *aureliis, chrysalidibus, papilionibus, ima-*
« *ginibus.*

— Et de millionibus diabolibus qui puissent
« t'emporter in infernibus, dit Breloque. —

Secundùm, COLOR.

« — J'aurai l'optique, la dioptrique, la catop-
« trique;
« L'aposcopie, la catascopie, la métoposcopie,
« l'hélioscopie, la physioscopie, la microscopie,
« la mégascopie, la polyscopie, la périscopie, la
« kaleïdoscopie;

« Le panorama, le diorama, le néorama, le
« géorama, le cosmorama, le pantostéréorama;

« Le prisme, la lanterne magique, et la lor-
« gnette d'opéra.

« Nous donnerons en passant un croc en jambe
« à Newton, une nazarde au père Mersenne, et
« un grand coup de pied dans le ventre à Alga-
« rotti...

— Je te les rendrois volontiers! dit Breloque. —

Tertiùm, —

(Breloque mit son bonnet de nuit.)

« — Si nous considérons le ruban verd dans ses
« rapports avec l'histoire des arts, de l'industrie,
« du commerce et de la civilisation, depuis l'ori-
« gine des idées plastiques sur lesquelles ont été
« moulées toutes les formes typiques de la pen-
« sée, dans son infatigable et persistante création.

— Nous arriverons probablement au déluge,
dit Breloque?... —

« — J'y arrivois. Le premier ruban verd dont
« il ait jamais été question, si toutefois Astruc ne
« s'est pas trompé dans ses curieuses *Conjectures*
« *sur les matériaux qui ont servi à Moïse pour*
« *la composition de la Genèse*... Écoute, Brelo-
« que, le premier de tous les rubans verds...

— Je voudrois bien qu'il eût servi à te serrer
le cou, dit Breloque. —

« — ...C'est évidemment celui que la colombe
« de l'arche rapporta dans son bec; mais le pro-
« fond Samuel Bochart pense que cette préten-
« due colombe étoit un goéland, et il n'est vé-
« ritablement pas probable que Noé, qui ne
« manquoit point de sens quand il n'étoit pas
« ivre, ait confié une pareille mission à un oi-
« seau terrestre, lui qui avoit une si belle volière
« d'oiseaux amphibies à son bord. Aussi, indépen-

« damment de la colombe et du corbeau de la
« Vulgate, Jean Le Pelletier croit y voir un
« butor.

— Trois butors, ni plus ni moins, Jean Le Pelletier, Bochart, et toi, dit Breloque... —

« — Le ruban que cet oiseau anonyme, pseu-
« donyme, ou plutôt polyonyme, offrit au nou-
« veau chef de la race humaine, et dont la cou-
« leur est devenue depuis celle de l'espérance,
« présentoit sans doute aux yeux le riant aspect
« de la verdure qui alloit parer la terre recon-
« quise. Ce fut un ruban verd, Breloque (c'est-

« à-dire un tissu verd que nous appelons impro-
« prement ruban par un déplorable abus de la
« catachrèse), et non pas un rameau, comme le
« prétendent quelques damnés talmudistes, in-
« fatués des niaiseries de la massore, des rêveries
« du mishnisme, de la routine des traditionnai-
« res, et des dix Séphirots de la cabale.

— Ce sont eux qui ont fait tomber mon dernier mélodrame, dit Breloque. —

« — Il est vrai que Leusden a lu *rameau* contre
« l'autorité de Gabriel Sionite qui a lu *ruban*,
« mais comme ils sont morts tous les deux, juifs,
« apostats, maranes, réprouvés, et qui plus est
« lépreux et insolvables, *sub judice lis est,* ou
« bien, *res agitur in lite.*

— Allons nous coucher, dit Breloque. —

« — Nous avons heureusement sur cette ques-
« tion l'autorité omnipotentielle, entends-tu, Bre-
« loque? de notre ami Herbinius qui témoigne
« que les arbres et les rameaux immenses dont les

« eaux du déluge étoient chargées avant leur
« retraite, ayant pu fournir aisément à l'oi-
« seau voyageur cette garantie équivoque...

— Oh! que ces arbres et ces rameaux immenses eussent potentiellement fourni de beaux mâts potenciformes et de belles fourches potencielles pour t'y suspendre archipotencialement par la gorge, dit Breloque. —

« — Et que ces rameaux et ces feuillages qui
« abondoient partout, et que l'ambassadeur ailé
« avoit tant de facilité à recueillir, ne donnant
« aucun caractère miraculeux à sa mission, il
« étoit moins possible et par conséquent plus
« méritoire de croire qu'il avoit rapporté un ru-
« ban, dans un temps où l'on ne fabriquoit pas
« de rubans et où l'on ne connoissoit pas l'usage
« de la soie. Ce raisonnement est peut-être même
« ce qui restera de plus authentique dans le
« genre systématique, problématique, emblé-
« matique, hypothétique et sophistique de la
« critique et de l'hypercritique ascétique, mys-
« tique, parénétique, éthique, enclitique, éclec-

« tique, gnostique, dogmatique et scholastique,
« *per omnia sæcula sæculorum.* »

— *AMEN*, dit Breloque. —

Aberration.

— Où diable en étions-nous de la monographie du ruban verd quand je me suis endormi, dit Breloque?

« — Il m'est avis, répondit don Pic, que je vous ai laissés chez la marquise de Chiappapomposa, au moment où saisissant le ruban verd de sa sonnette avec une dignité toute romaine : — elle descendoit de la chaste Lucrèce, par les hommes —

« En vérité, je ne vous reconnois pas, Théo-
« dore! mais finissez donc, finissez, au nom du
« ciel, ou je vais sonner Spinette. »

« Et monseigneur qui n'en savoit pas davantage,
révérence gardée, s'imagina que la marquise de
Chiappapomposa sonneroit.

« Mais quand la marquise de Chiappapomposa
auroit sonné, il eût fallu voir vraiment que Spinette s'avisât de venir!

« Vous auriez ravagé tous les postes avancés,
dix-huit lieues à la ronde —

« Brûlé la tente et les pavillons, les fascines et

les gabions, les ponts-levis et les palissades, la ville et les faubourgs —

« Marché, la torche allumée à la main, à travers les greniers, les arsenaux et les magasins à poudre —

« Le feu auroit commencé à courir de la mine à la contre-mine, de la mèche à l'arquebuse, de la batterie au tonnerre —

« Et la marquise de Chiappapomposa auroit sonné toutes les cloches et toutes les clochettes,
 Les sings, les tocsins et les sonnettes,
 Les grelots et les crotales,
 Les sistres et les tabales,
 Les triangles et les atabales,
 Les tympans et les tympanons,
 Les tympanioles et les tymbales,
 Les cymbes, les cymbalons et les cymbales,
 Les burbelins, les curbelins et les crembalins,
 Les cri-cris et les crin-crins,
 Les bombardes et les tarabats,
 Les castagnettes et les tambours de basque,

Les tam-tams et les crécelles,

Les beffrois et les carillons,

Le *clarum tintinnabulum* de Catulle, et la *clocqua titubans* de Merlin Coccaïe;

La *campana* de Vililla qui annonçoit d'elle-même, suivant le bon homme Quinonez, l'avènement d'un pape, et celle de Sainte-Marie de Carabaça qui allégrement se trémoussoit et cantilénoit joyeusement aux vigiles de l'Assomption —

La sonnerie de Saint-Roch et de Saint-Eustache, le Bourdon, Georges d'Amboise et la Samaritaine —

Toutes les cloches enfin de toutes les dimensions qui se trouvèrent clochatoirement rangées selon leur ordre chromatique au dernier concile des cloches, où fût carilloniquement altisonnée la canonisation de Janotus de Bragmardo — que Spinette ne seroit pas venue! »

« Non, mordieu! elle ne seroit pas venue! »

Transition.

— Foin de la pédanterie et des pédants, continua Breloque. Ce maudit barbacole que voici m'a tellement matagrabolisé le cerveau de ses nomenclatures scientifiques que j'ai presque oublié de parler chrétien.

« — Il n'en faut plus qu'autant pour arriver à tout, répondit don Pic. Veux-tu que je t'ouvre à deux battants la porte des universités ? — Quand le magnifique recteur t'aura successivement décerné *baccam lauri* et *togam doctoris,* comment lui répondras-tu?

— Monseigneur et messieurs, je ne me suis jamais ennuyé comme aujourd'hui, depuis la dernière séance de la société asiatique.

« — C'est cela et ce n'est pas cela. Écoute, Breloque :

« Messieurs, je ne puis me défendre, en vous écoutant, d'une disposition somnolente, accompagnée de spasmes, d'hiatus et de rictus, qui aboutit de plus en plus à chacun de vos discours, au dernier degré de prostration, de torpeur et de céphalalgie.

— Céphalalgie! je suis mort!

« — Non, Breloque, tu t'ennuies.

— Moi aussi, dit Victorine!

Mystification.

— N'est-ce que cela, dit Breloque, et suffit-il pour s'asseoir magistralement *in curiâ et in præsidio*, de commenter *pædagogicè* la thèse de ce grand niais de prince de la Mirandole, *de omnibus rebus scibilibus* ou autres bibus, et d'argumenter *in baroco* dans le patois de l'écolier limousin? M'y voilà. *Favete linguis :*

« Paracelse nous avoit conduits dans l'insigne caupone de son architriclin quotidien, où se réunissent de temps en temps Dioscoride, Archimède, Abélard, Boèce et l'abbé de Latteignant.

« Farinacius observa le premier que l'air ambiant contenoit infiniment peu de calorique, et l'absence de ce véhicule lui avoit tellement exulcéré le derme, que vous n'auriez su distinguer s'il falloit y voir ambustion ou érythême pernionculoïde, ce qui est une chose effrayante à penser.

« Mais Flavius Josèphe s'étoit déjà muni de quatre prismes ligneux, longs de trois bonnes palmes d'Italie, taillés grossièrement dans le *patula fagus* du premier vers des Bucoliques, et il s'empressa de les déposer sur un échafaudage assez ingénieux qui se terminoit du côté des spectateurs par des masques cynocéphales.

« Budée s'empara ensuite d'un petit parallélogramme de fer à vives arêtes, et en frappa brusquement à coups précipités un fragment de silex semi-diaphane, jusqu'à ce que cette percussion eût détaché du métal quelques molécules en état de flagrance ou de flagration scintillaire, qui répentinement comburèrent un *agaricus* desséché qui étoit tenu par Sulpice Sévère.

« Covarruvias ayant placé cet *agaricus* (j'ai toujours pensé que c'étoit un *bolitus*, comme l'avance péremptoirement Triptolème dans ses scholies sur les *juvenilia* de saint Babolin), Covarruvias, dis-je, l'ayant placé sous les prismes dont j'ai parlé plus haut, fit jouer adpropecircumextraforaneivagoflabralimodulatoirement, au moyen d'une espèce d'outre de peau hircine alternativement comprimée et dilatée entre deux trapèzes ébénins, armés de manipules spatuliformes et tubulairement terminés par un cylindre creux, une si grande quantité d'azote et d'oxigène dans la proportion requise de 79 à 21, qu'il en résulta deux phénomènes :

« Le premier, qui fut expliqué par Apulée, c'est que ce mélange perdit une partie de son oxigène, qui fut absorbé par le carbone au profit de la combustion ;

« Le second, qui fut démontré par Nicolas Bourbon l'ancien (il étoit de Vandœuvre) c'est que le calorique dégagé devoit progressionnellement exciter une dilatation voluptueuse du tissu cellulaire de Farinacius; mais Farinacius ne s'en soucioit plus guère. Il avoit soufflé dans ses doigts.

« Quant à la partie cibique des épules qui se composoit surtout d'esques proprement inhastées et méthodiquement inassées, Ocellus Lucanus m'avoua en secret qu'on auroit eu beaucoup de peine à leur donner un degré de cocture parfaitement isochrone sans une invention qui fait trop d'honneur à l'esprit humain pour que je la passe sous silence. C'est une machine dont les combinaisons sont d'une complication effrayante, qui a de grandes roues et de petites roues, des tenons, des mortaises, des vis, des chevilles, des clés, des clous, des écrous, des crans, des crémaillères, des chaînes, des chaînons, des chaînettes, des cordes, des poids, des leviers, des poulies, des ressorts, des balanciers, des caisses, des consoles, des pieds, des appuis, des contreforts, et qui fait tourner avec une grande précision un axe de fer pointu.

« Ce qu'il y a de surprenant, c'est qu'il n'est point question de cette machine dans Diophante.

« Il n'en est point question dans les commentaires de Bachet de Méziriac.

« Il n'en est point question dans la description du cabinet de Grollier de Servière.

« Il n'en est point question dans les *Mathematici veteres* qui ont été si magnifiquement imprimés au Louvre.

« Il n'en est pas plus question dans les petits *Manuels* que dans l'*Almanach de Liége,* le plus savant et le plus complet de tous les recueils qu'on a imprimés cette année.

« Il n'en est pas plus question dans Papin et dans Parmentier que dans Pline et dans Apicius.

« Elle a échappé aux investigations industrielles de M. Charles Dupin, comme aux élucubrations vraiment économiques de cet illustre M. de Rumford qui nous a fait manger au Temple de si mauvaises soupes.

« On conjecture seulement que c'est de dépit de

ne l'avoir pas inventée qu'Empédocle se précipita la tête la première dans un cratère de l'Etna, au bord duquel lord Hamilton a retrouvé ses pantoufles. »

Vérification.

—Que je suis bête, observa judicieusement mon libraire, en lançant sa pantoufle contre un vieux buste de Popocambou. C'est un tournebroche!

—L'auteur tire à la page, dit malignement l'imprimeur, en laissant couler d'une main leste une pincée de coquilles sur le talon mobile de son composteur. C'est un tournebroche!

— Bon pour la plaisanterie, dit le pressier, en

renversant sa mitre de papier sur l'occiput, et en rabattant fièrement son châssis, sans avoir pointé la feuille; mais c'est un tournebroche!

— Je ne veux savoir ni A ni B, dit le prote, le carpe et le métacarpe largement imposés sur les deux casses de l'A et du B capitales, si ce n'est pas un tournebroche!

— Ils ont des idées maintenant que c'est vraiment à en perdre la tête, dit la brocheuse, en transposant avec une intrépidité incroyable les deux feuilles les plus ontologiquement enchaînées que j'aie jamais écrites; mais, dis donc, Élodie, ça ne te fait-il pas comme à moi l'effet d'un tournebroche?

— Sauf quelques allusions réservées, dit le censeur, en déposant sa plume au bec imbibé de carmin, il est difficile que M. le procureur du roi voie là autre chose qu'un tournebroche!

— L'idée n'est pas fine et l'expression n'est pas heureuse, dit le journaliste, les deux mains dans les poches de son pantalon, et arpentant de ses deux autres pieds les compartiments de son parquet, mais je ne trouve aucun inconvénient dans l'état actuel des choses à supposer que c'est une espèce de tournebroche.

— Je consens à ne manier jamais ni la brosse ni le pot à colle, dit l'afficheur, en étalant hardiment son placard à contre-sens, si ce n'est pas un tournebroche.

— Au diable l'ignare ignorantissime qui a manqué sa thèse! s'écria don Pic consterné, en laissant tomber de tout son poids sa tête encyclopédique sur le dossier éraillé de mon vieux fauteuil noir. Il a oublié *la leccarda, mio Teodoro, id est, vas adipis exceptorium, vulgò dictum* une lèchefrite! —

Mais le conseil de l'université n'y entendoit pas malice, et quoiqu'il ne fût pas plus au fait de la question que vous n'y fûtes oncques après la lecture des *fanfreluches antidotées* de notre maître Alcofribas, une homélie pindarique à

Saint-Thomas d'Aquin, ou une leçon de théologie en Sorbonne, il n'y eût si petit docteur qui affirmativement n'opinât du bonnet; —

Et Breloque passa joyeusement *inter eximios*.

Numération.

Il ne manquoit plus à Breloque pour être investi des droits, priviléges, immunités et exemption de science qui sont attachés au doctorat que l'*Approbatur* du fameux docteur Abopacataxo, grand logarithmier de l'impénétrable consistoire de Brouillamini.

Le grand logarithmier étoit assis devant un parallélogramme d'ardoise, sur la tablette duquel on remarquoit, d'un côté, un long fragment d'une substance blanche, mate, friable, cassante, crétacée, taillée en cône aigu; de l'autre, une espèce de madrépore mou, irrégulier, volumineux, léger, poreux, compressible, élastique, dont le nom ne se trouve pas dans Varron parce qu'il étoit obscène en latin. Il tenoit ouvert un rouleau de papier imprimé, chargé de figures astrales, de calculs généthliaques, d'emblêmes sidéraux et de signes constellés, que Breloque prit d'abord pour le grimoire; mais à la fin, après y avoir regardé plus attentivement, il s'assura que ce n'étoit que le *Messager boiteux*.

A l'aspect de la thèse de Breloque, le grand logarithmier s'arma de son compas, puis procéda à la mesurer magistralement dans toutes ses dimensions. Ensuite, et après je ne sais quelle invocation sourde, il se mit à tracer et effacer alternativement sur la table magique des lignes horizontales de caractères arabes qu'il nommoit l'un après l'autre, comme autant de formules évocatoires, posant ou retenant à voix haute ceux de ces hiéroglyphes diaboliques qui convenoient à son exécrable opération.

Le sorcier suoit d'ahan, et Breloque trembloit de tous ses membres.

Après cela le docteur Abopacataxo dessina une grande croix latine, entre les croisillons de laquelle (ô profanation!) il se hâta de promener obliquement la main, portant, avec la fureur d'un démoniaque, ses symboles sacriléges aux quatre points cardinaux de l'horizon, comme pour échelonner toute l'armée de Satan autour de la thèse de pauvre Breloque!

Les dents de Breloque s'entrechoquoient et claquoient de strideur, comme celles des maudits de l'Évangile.

Ce n'est pas tout. Breloque le vit distinctement recueillir quelques-uns de ces rébus cabalistiques sur la dernière ligne de la table aux talismans, les séparant sortilégialement par formidables et portentifiques mimographismes tironiens, en manière d'Abraxas, ou autre argot amulétaire; tels que

Tirets minoratifs —

Doubles tirets æqualitatifs =

Points superposés copulatifs :

Doubles points superposés comparatifs : :

Croix de saint André multiplicatives ✕

Et terminant le tout par la lettre X, qui est sacrée, profane et abominable, léthale et stygienne, aux yeux de Dieu et des hommes, ainsi qu'il est écrit :

« — Et quand le diable devroit m'emporter, » s'écria le docteur Abopacataxo, « je dégagerai « cette damnée d'*inconnue!* »

A cette horrible et blasphématoire imprécation, Breloque pensa voir apparoître Proserpine elle-même, et ses cheveux se hérissèrent sur son front!

(Imaginez-vous que je n'avois jamais pu lui faire comprendre le méchanisme de la plus simple addition, sans en excepter celle de Dioclès de Smyrne.)

« Sage Breloque, » dit enfin le grand logarithmier de l'impénétrable consistoire de Brouillamini, « vous pouvez vous tenir pour assuré que « votre thèse se composant à peu près comme il « appert de six pages d'impression, au caractère, « format et justification de l'*Histoire du roi de* « *Bohême et de ses sept châteaux*, et ces pages

« étant formées, plus ou moins, de vingt-quatre
« lignes très-espacées, *ad exiguitatem volumi-*
« *nis vitandam*, dont chacune contient trente-
« huit lettres, ou il ne s'en manque guère,
« elle doit renfermer, par approximation, sauf
« erreur, et abstraction faite des virgules, des
« points, des blancs, des moins, des espaces, des
« réticences et des parenthèses, des quadrats et
« des quadratins, une somme totale de types
« d'imprimerie qu'on peut évaluer à cinq mille
« quatre cent soixante-douze, si Barême n'a
« failli. Et comme la proportion des consonnes
« aux voyelles dans la langue vulgaire dont
« vous avez fait usage, est communément de
« cinquante-cinq sur cent, moyennant caution
« de Court de Gébelin et du président de Bros-
« ses, ce qui résulte, comme vous savez, de
« la surabondante paragogie des lettres fictives
« de nos pluriels nominaux et verbaux, vous
« redevez à l'université cinq voyelles pour cent,
« en échange d'autant de consonnes valables,
« bien conditionnées, et livrées sans avarie et
« sans déchet, les consonnes et les voyelles étant
« actuellement au pair dans les hautes études, ce

« qui ne s'est pas vu, et ne se verra peut-être pas
« de cinquante générations scholastiques. »

—Oh! oh! que voilà qui est beau! s'écria Breloque rassuré; mais ma thèse?

« — Vous auriez éprouvé un autre genre d'in-
« convénient en italien, où la proportion des
« voyelles aux consonnes est au contraire des
« soixante-deux centièmes, ou, si vous l'aimez
« mieux, de soixante-deux sur cent... »

—Cela m'est parfaitement égal, dit Breloque, en se grattant *velocissimè* l'oreille dextre, ce qui est chez lui le signe d'une impatience immodérée; mais ma thèse, ma thèse!...

« — Eh! quel parti auriez-vous pris, » continua le docteur, sans s'apercevoir qu'il avoit été interrompu; « qu'auriez-vous dit, sage Breloque,
« si vous aviez eu affaire à la langue islandoise
« ou à la langue chéroquoise, dans lesquelles la
« masse relative des consonnes est exactement
« comme celle d'un régiment au corps des offi-

« ciers et sous-officiers? Il n'y a qu'une voyelle
« par escouade. »

— Brrrrrrrrrrrrrrrrrrrrrr, fit Breloque, avec
autant d'intrépidité que s'il y avoit eu derrière lui
un régiment de consonnes — mais le poète lauréat les avoit toutes embauchées. —

— Brrrrrrrrrrrrrrrrrrrrrr, fit Breloque! Me
parlerez-vous de ma thèse?

« — Vous pouvez vous tenir pour assuré, sage
« Breloque, que votre thèse se composant à peu
« près, comme il appert... »

— Eh! je le sais de reste, murmura Breloque,
pâle de colère — Mais, ma thèse, ma thèse! continua-t-il d'une voix météorique. Ai-je fait thèse
doctorale pour solution numérale? ne voyez-vous
en ma thèse quintessenciale autre combinaison
que celle d'articulations consonnantes et vocaliformes, autre conséquence que chiffres?

« — Nulle, répondit le grand logarithmier :

« Science, Morale, Philosophie, Religion, Litté-
« rature, Politique, je m'en soucie comme d'un
« zéro tout seul. Nombre est partout, tout est
« par nombre, par nombre est tout. C'étoit le
« sentiment de Pythagoras, grand logarithmier
« des Crotoniates. Mon affaire est de numérer
« sans plus, et numérant, je numère numéri-
« quement, barémiquement philosophiant, phi-
« losophiquement barémisant, logarithmisant
« pindariquement, pindarisant logarithmique-
« ment, buvant d'autant, et le tout joyeuse-
« ment. »

—Par la vertu de Dieu, si je brisois les trente-deux dents qui garnissent tes deux mandibules d'un coup de la main que voici, dit Breloque, en lui montrant le poing fermé, me dirois-tu combien il y a de doigts là-dedans?

« — Cinq, répondit le grand logarithmier,
« sans se déconcerter, lesquels sont composés de
« quatorze phalanges. »

—Tu en as menti, reprit Breloque, en relevant

l'index et en le lui enfonçant dans l'œil. J'ai perdu la dernière phalange de celui-là au siége de Kœnigsgratz, qui est, afin que tu le saches, le plus fort des sept châteaux du roi de Bohême! —

Hélas! nous aurons bien de la peine à y arriver de cette campagne!

Interlocution.

« Tu as vu, m'écriai-je!... tu verras!... infor-
« tuné que je suis!... » —

Mais ce n'est pas le docteur Abopacataxo qui dit cela. Le docteur Abopacataxo est retourné à ses chiffres, et le pauvre Gervais à son histoire. Le voici qui parle à mes côtés, comme à l'instant où don Pic de Fanferluchio l'a si sottement interrompu. —

« Tu verras!... le miroir, qui n'étoit pour toi
« qu'une surface froide et polie, te montrera ta
« vivante image. Sa conversation, muette mais
« animée, te répétera tous les jours que tu es
« belle, et quand tu reviendras au malheureux
« aveugle, il ne t'inspirera plus qu'un sentiment.
« Tu le plaindras d'être aveugle, parce que tu
« concevras que le plus grand des malheurs est
« de ne pas te voir. Que dis-je! tu ne reviendras
« pas! pourquoi reviendrois-tu? quelle est la
« belle jeune fille qui aimeroit un pauvre aveu-
« gle!...

« Ah! malheur sur moi! je suis aveugle! —

« En disant cela je tombai sur la terre, mais
« elle me suivit en me pressant de ses mains, en
« liant ses doigts dans mes cheveux, en effleu-
« rant mon cou de ses lèvres, en gémissant com-
« me un enfant. — Non, jamais, jamais je n'ai-
« merai que Gervais. — Tu te félicitois hier
« d'être aveugle pour que notre amour ne s'alté-
« rât jamais! je serai aveugle s'il le faut pour ne
« point laisser de souci à ton cœur. Veux-tu que

« j'arrache cet appareil?... Veux-tu que je brise
« mes yeux?... —

« Horrible souvenir! j'y avois pensé!...

« Arrête, lui dis-je, en saisissant violemment
« le rocher pour user sur lui l'excès de force qui
« me tourmentoit. — Nous parlons un langage
« insensé parce que nous sommes malades; toi,
« de ton bonheur, et moi, de mon désespoir. —
« Écoute : —

« Je repris ma place, elle la sienne. Comme
« mon cœur battoit!

« Écoute, continuai-je — il est fort bien que
« tu voies, parce que maintenant tu es parfaite.
« — Il est indifférent que je ne voie pas et que
« je meure — abandonné — parce que c'est le
« destin que Dieu m'a fait! — mais jure-moi de
« ne jamais me voir, de ne jamais chercher à me
« voir! Si tu me vois, tu seras forcée malgré toi
« à me comparer aux autres, à ceux qui ont leur
« esprit et leur ame dans leurs yeux, à ceux qui

« parlent du regard, et qui font rêver les fem-
« mes avec un des traits qui jaillissent de leur
« prunelle, ou un des mouvements qui soulè-
« vent leurs sourcils. Je ne veux pas que tu
« puisses me comparer! je veux rester pour toi
« dans le vague de la pensée d'une petite fille
« aveugle, comme un rêve, comme un mystère.
« Je veux que tu me jures de ne revenir ici qu'a-
« vec ce bandeau verd — d'y revenir toutes les
« semaines — ou au moins tous les mois, tous
« les ans une fois!... d'y revenir une fois encore!
« Ah! jure-moi d'y revenir une fois encore, et
« de ne pas me voir!...

« — Je jure de t'aimer toujours, dit Eulalie en
« pleurant. —

« Tous mes sens avoient défailli. J'étois re-
« tombé à ses pieds. M. Robert me releva, me
« fit quelques caresses, et me remit dans les
« mains de ma mère. Eulalie n'étoit plus là.

« Elle revint le lendemain, le surlendemain,
« plusieurs jours de suite; et mes lèvres n'a-

« voient pas cessé de trouver ce bandeau verd
« qui entretenoit mon illusion. Je m'imaginois
« que je serois le même pour elle tant qu'elle ne
« m'auroit pas vu. Je croyois apprécier dans mes
« réminiscences les impressions d'un sens dont
« j'ai à peine joui, et il me sembloit qu'elles ne
« suffiroient pas à la distraire du prestige déli-
« cieux dans lequel nous avions passé notre en-
« fance. Je me disois avec une satisfaction insen-
« sée : elle est restée aveugle pour moi, mon
« Eulalie! elle ne me verra point! elle m'aimera
« toujours!...

« Et je couvrois son ruban verd de baisers,
« car je n'aimois plus ses yeux.

« Il arriva un jour, après bien des jours, et si
« cela étoit à recommencer je les compterois —
« il arriva, je ne sais comment vous le dire, que
« sa main s'étoit unie à la mienne avec une
« étreinte plus vive, que nos doigts entrelacés
« s'humectèrent d'une sueur plus tiède, que son
« cœur palpitoit ici, à remuer mon sarreau, et
« que ma bouche, à force d'errer, retrouva de

« longs cils de soie sous son bandeau verd.

« — Grand Dieu ! m'écriai-je, est-ce une erreur
« de ma mémoire? Non, non! je me souviens que,
« lorsque j'étois tout enfant, j'ai vu flotter des
« lumières sur les cils de mes yeux, qu'ils por-
« toient des rayons, des feux arrondis, des taches
« errantes, des couleurs, et que c'étoit par-là
« que le jour se glissoit avec mille étincelles ai-
« guës pour venir m'éveiller dans mon berceau...
« Hélas! si tu allois me voir!

« — Je t'ai vu, me dit-elle en riant, et à quoi
« m'auroit servi de voir si je ne t'avois pas vu?
« Orgueilleux! qui prescris des limites à la cu-
« riosité d'une femme dont les yeux viennent de
« s'ouvrir au jour!

« — Cela n'est pas possible, Eulalie... — Vous
« m'aviez juré!...

« — Je n'ai rien juré, mon ami, et quand tu m'as
« demandé ce serment je t'avois déjà vu. Du plus
« loin que l'esplanade permit à Julie de te dé-

« couvrir... le vois-tu, lui disois-je? — Oui, ma-
« demoiselle; il a l'air bien triste. — Je compris
« cela; je venois si tard! — Zeste, le ruban n'y
« étoit plus. On m'avoit dit que cela m'expose-
« roit à perdre la vue pour toujours, mais après
« t'avoir vu je n'avois plus besoin de voir. Je ne
« remis mon bandeau verd qu'en m'asseyant au-
« près de toi.

« — Tu m'avois vu, et tu continuas à venir.
« Cela est bien. Qui avois-tu vu d'abord? — M. de
« Maunoir, mon père, Julie — et puis ce monde
« immense, les arbres, les montagnes, le ciel, le
« soleil, la création dont j'étois le centre, et qui
« sembloit de toutes parts prête à se précipiter
« sur moi au fond de je ne sais quel abyme où je
« me croyois plongée.

« — Et depuis que tu m'as vu?

« — Gabriel Payot, le vieux Balmat, le bon
« Terraz, Cachat le géant, Marguerite...

« — Et personne de plus?...

« — Personne.

« — Comme l'air est frais ce soir!... abaisse
« ton bandeau : tu pourrois redevenir aveu-
« gle.

« — Qu'importe! je te le répète, je n'ai gagné à
« voir que de te voir, et à te voir que de t'aimer
« par un sens de plus. Tu étois dans mon ame
« comme tu es dans mes yeux. J'ai seulement un
« nouveau motif de n'exister que pour toi. Cette
« faculté qu'ils m'ont donnée, c'est un nouvel
« anneau qui m'attache à ton cœur, et c'est pour
« cela qu'elle m'est chère! O! je voudrois avoir
« autant de sens que les belles nuits ont d'étoiles
« pour les occuper tous de notre amour! je pense
« que c'est par-là que les anges sont heureux
« entre toutes les créatures. —

« C'étoient ses propres paroles, car je ne puis
« les oublier. La conquête de la lumière avoit
« encore exalté cette vive imagination, et son
« cœur s'étoit animé de tous les feux que ses
« yeux venoient de puiser dans le soleil.

« Mes jours avoient retrouvé quelque charme.
« On s'accoutume si facilement à l'espérance !
« l'homme est si foible pour résister à la séduc-
« tion d'une erreur qui le flatte ! Notre existence
« avoit pris d'ailleurs un nouveau caractère, je
« ne sais quelle variété mobile et agitée qu'Eu-
« lalie me forçoit à préférer au calme profond
« dans lequel nous avions vécu jusque-là. Ce
« banc de rocher sur lequel vous êtes assis n'étoit
« plus pour nous qu'un rendez-vous et qu'une
« station, où nous venions nous délasser en doux
« entretiens du doux exercice de la promenade.
« Le reste du temps se passoit à parcourir la val-
« lée, où Eulalie seule me servoit de guide, en-
« chantant mon oreille des impressions qu'elle
« recueilloit à l'aspect de tous ces merveilleux
« tableaux que la vue découvre à la pensée. Il
« me sembloit quelquefois que son imagination,
« comme une fée puissante, commençoit à déga-
« ger mon ame des ténèbres du corps, et à la ra-
« vir, éclairée de mille lumières, dans les espaces
« du ciel, en lui prodiguant des images gracieu-
« ses comme des parfums, des couleurs vives et
« pénétrantes comme les sons d'un instrument;

« mais bientôt mes organes se refusoient à cette
« perception trompeuse, et je retombois triste-
« ment dans la morne contemplation d'une nuit
« éternelle. Ce funeste retour sur moi-même
« échappoit rarement à la sollicitude de sa ten-
« dresse, et alors elle n'épargnoit rien pour m'en
« distraire. Quelquefois, c'étoient des chants qui
« me ramenoient par la pensée au temps où nous
« étions aveugles tous deux, et où elle charmoit
« ainsi notre solitude; plus souvent, la lecture
« qui étoit devenue pour nous une acquisition
« nouvelle et singulière, quoique nous en eus-
« sions possédé le secret sous d'autres formes et
« par d'autres procédés; la bibliothèque des aveu-
« gles est extrêmement bornée, et il faut que les
« sensations de la vue soient bien plus vives et
« bien plus rapides que celles du tact, car depuis
« qu'Eulalie avoit appris à lire autrement qu'avec
« ses doigts, les idées qui se développoient sous
« ses yeux me parvenoient subites et fécondes,
« comme celles d'une conversation animée. Mon
« attention entraînée dans l'essor de sa parole
« perdoit son action sur moi-même, et je croyois
« vivre dans une nouvelle vie que je n'avois en-

« core ni devinée ni comprise; dans une vie d'i-
« magination et de sentiment, où je ne sais quels
« êtres d'invention, moins étrangers que moi à
« moi, venoient surprendre et duper toutes les
« facultés de mon cœur. Quelle vaste région de
« pensées magnifiques et de méditations tou-
« chantes s'ouvre à l'être favorisé qui a reçu du
« ciel des organes pour lire, et une intelligence
« pour comprendre ! Tantôt c'étoit un passage de
« la Bible, comme le discours du Seigneur à Job,
« qui me confondoit d'admiration et de respect;
« ou comme l'histoire de Joseph et de ses frères,
« qui plongeoit mon cœur dans une tendre émo-
« tion de pitié; tantôt c'étoient les miracles de
« l'épopée, avec la naïveté presque divine d'Ho-
« mère, ou avec la religieuse solennité de Milton.
« Nous lisions aussi des romans, parmi lesquels
« un instinct bien vague, bien confus, que je n'ai
« jamais cherché à m'expliquer, me faisoit affec-
« tionner *Werther*. Eulalie préféra d'abord ceux
« dont le sujet s'approprioit à notre situation.
« Une passion vivement exprimée, une sépara-
« tion douloureusement sentie, les pures joies
« d'une chaste union, la simplicité d'un ménage

« rustique, à l'abri de la curiosité intéressée et de
« la fausse affection des hommes, voilà ce qui
« troubloit sa voix, ce qui mouilloit ses pau-
« pières; et quoiqu'on parlât moins souvent dès-
« lors de notre mariage, quand l'ordre de la lec-
« ture du soir amenoit quelque chose de pareil,
« elle m'embrassoit encore devant son père.

« Au bout de quelque temps, je crus remar-
« quer qu'il s'étoit fait un peu de changement
« dans le goût de ses lectures. Elle se plaisoit da-
« vantage à la peinture des scènes du monde; elle
« insistoit sans s'en apercevoir sur la vaine des-
« cription d'une fête; elle aimoit à revenir sur
« les détails de la toilette d'une femme ou de
« l'appareil d'un spectacle! Je ne supposai pas
« d'abord qu'elle eût entièrement oublié que
« j'étois aveugle, et ces distractions froissoient
« mon cœur sans le rompre. J'attribuois ce léger
« caprice au mouvement extraordinaire qui se
« faisoit sentir dans le *château,* depuis que M. de
« Maunoir en avoit renouvelé l'aspect par un
« des miracles de son art. M. Robert, plus heu-
« reux, sans doute! plus disposé à jouir des fa-

« veurs de la fortune et des grâces de la vie, du
« moment où sa fille lui avoit été redonnée avec
« toute la perfection de son organisation et tout
« l'éclat de sa beauté, aimoit à réunir ces nom-
« breux voyageurs que la courte saison d'été
« ramène tous les ans dans nos montagnes. Le
« *château*, on peut encore vous le dire, étoit
« devenu en effet un de ces manoirs hospitaliers
« d'un autre âge, dont le maître ne croyoit ja-
« mais avoir fait assez pour embellir le séjour de
« ses hôtes. Eulalie brilloit dans ce cercle tou-
« jours nouveau, toujours composé de riches
« étrangers, de savants illustres, de voyageuses
« coquettes et spirituelles ; elle brilloit parmi
« toutes les femmes, et de cet attrait de la pa-
« role, qui est, pour nous infortunés, la physio-
« nomie de l'ame, et de mille autres attraits que
« je ne lui connoissois pas. Quel incroyable mé-
« lange d'orgueil et de douleur soulevoit ma
« poitrine jusqu'à la faire éclater, quand on van-
« toit près de moi le feu de ses regards, ou
« quand un jeune homme, niaisement cruel,
« nous complimentoit sur la couleur de ses che-
« veux !...

« Ceux qui étoient venus pour voir la vallée
« y prolongeoient volontiers leur séjour pour
« voir Eulalie. Je comprenois cela. Je n'avois pas
« à regretter son affection, qui sembloit ne pou-
« voir s'altérer jamais, et cependant j'éprouvois
« qu'elle vivoit de plus en plus hors de moi, de
« nous, de cette intimité de malheur qu'on n'ose
« pas réclamer, et qui coûte le bonheur quand
« on la perd. Je souhaitois l'hiver plus impatiem-
« ment que je n'avois jamais souhaité le souffle
« tiède et les petites ondées du printemps. L'hi-
« ver désiré arriva, et M. Robert m'apprit, non
« sans quelques précautions, non sans m'assurer
« qu'on se séparoit de moi pour quelques jours
« tout au plus, et qu'on ne mettroit à m'appeler
« que le temps nécessaire pour se faire à Genève
« un établissement commode; il m'apprit qu'il
« partoit avec elle, qu'ils alloient passer l'hiver
« à Genève, — l'hiver si vite passé!... l'hiver
« passé si près!...

« Vous entendez bien : — *si vite!...* un hiver
« des Alpes! — *si près!...* à Genève, à l'extré-
« mité des montagnes maudites! — une route

« que le chamois n'oseroit tenter en hiver; — et
« j'étois aveugle!

« Je restai muet de stupeur. Les bras d'Eulalie
« s'enlacèrent autour de mon cou. Je les trouvai
« presque froids, presque lourds. Elle m'adressa
« quelques paroles, tendres et émues, si ma mé-
« moire ne me trompe pas, mais ce bruit passa
« comme un rêve. Je ne revins complètement à
« moi qu'au bout de quelques heures. Ma mère
« me dit : Ils sont partis, Gervais, mais nous res-
« terons au *château !* —

« Damnation! m'écriai-je, notre cabane a donc

« disparu sous une autre avalanche! — Non,
« Gervais, la cabane est là, et les bienfaits de
« M. Robert m'ont permis de l'embellir. — Eh
« bien! lui répondis-je en me jetant tout en
« pleurs dans ses bras, jouissez des bienfaits de
« M. Robert! je n'ai pas le droit de les refuser
« pour vous... mais, au nom du ciel, allons-
« nous-en!

« J'avois eu le temps de réfléchir à notre po-
« sition. Je savois qu'elle n'épouseroit pas un
« aveugle, et je me serois refusé à l'épouser moi-
« même depuis qu'elle avoit cessé d'être aveu-
« gle sans cesser d'être riche. C'étoit le malheur
« qui nous rendoit égaux ; et, du moment où
« cette sympathie s'étoit rompue, je perdois tous
« les droits que le malheur m'a donnés. Qui pour-
« roit remplir l'intervalle immense que Dieu a
« jeté entre la merveille de la création, un ange
« ou une femme, et le dernier de ses rebuts, un
« orphelin aveugle? Mais, que le ciel me par-
« donne ce jugement s'il est téméraire! je croyois
« qu'elle ne m'abandonneroit pas tout-à-fait, et
« qu'elle me réserveroit, près d'elle, le bonheur

« d'entendre, dans un endroit où elle passeroit
« quelquefois, ou flotter sa robe de bal, ou crier
« le satin de ses souliers, ou tomber de sa bou-
« che ces mots plus doux au moins qu'un éternel
« adieu : *Bonsoir, Gervais!*

« Depuis ce temps-là, je n'ai plus rien à ra-
« conter, presque plus rien.

« Au mois d'octobre elle m'envoya un ruban,
« à caractères imprimés en relief, et qui portoit :
« CE RUBAN EST LE RUBAN VERD QUE J'AVOIS SUR
« MES YEUX. — Je ne l'ai pas quitté. Le voilà.

« Au mois de novembre le temps étoit encore
« assez beau. Un des gens de la maison m'apporta
« quelques présents de son père. Je ne m'en suis
« pas informé.

« Au mois de décembre les neiges recommen-
« cèrent. Dieu! que cet hiver fut long! Janvier,
« février, mars, avril, des siècles de désastres et
« de tempêtes! et au mois de mai les avalanches
« qui tomboient partout, excepté sur moi!

« Quand deux ou trois rayons du soleil eurent
« adouci l'air et égayé la contrée, je me fis con-
« duire sur la route des Bossons, à la rencontre
« des muletiers; mais ils ne venoient pas encore.
« Je supposai que l'Arve se débordoit, qu'une
« autre montagne menaçoit la vallée de Servoz,
« que le Nant-Noir n'avoit jamais été si large et si
« terrible, que le pont de Saint-Martin s'étoit
« rompu, que tous les rochers de Maglan cou-
« vroient les bosquets de leurs ruines suspendues
« depuis tant de siècles, que l'enceinte formida-
« ble de Cluse se fermoit enfin à jamais, car j'a-
« vois entendu parler de ces périls par les voya-
« geurs et par les poètes. Cependant il arriva un
« muletier, il en arriva deux. Quand le troisième fut
« venu je n'attendis plus rien. Je pensai que toute
« ma destinée étoit accomplie. Huit jours après on
« me lut une lettre d'Eulalie. Elle avoit passé l'hi-
« ver à Genève. Elle alloit passer l'été à Milan!

« Ma mère trembloit pour moi. Je ris. Je m'y
« étois attendu, et c'est une grande satisfaction
« que de savoir jusqu'à quel point on peut porter
« la douleur.

« Maintenant, monsieur, vous connoissez toute
« ma vie. C'est cela. Je me suis cru aimé d'une
« femme, et j'ai été aimé d'un chien. Pauvre
« Puck! »

Puck s'élança sur l'aveugle. — « Ce n'est pas
« toi, lui dit-il, mais je t'aime puisque tu m'ai-
« mes. »

— Cher enfant, m'écriai-je, il en viendra une
aussi qui ne sera pas elle, et que tu aimeras
parce que tu en seras aimé!

« — Vous connoissez une jeune fille aveugle et
« incurable? » reprit Gervais.

— Pourquoi pas une femme qui te verra et qui
t'aimera?

« — Vous a-t-on dit qu'Eulalie reviendroit? »

— J'espère qu'elle reviendra; mais tu aimes
Puck parce qu'il t'aime. Tu aimeras une femme
qui te dira qu'elle t'aime.

« — C'est bien autre chose. Puck ne m'as pas
« trahi. Puck ne m'auroit pas quitté. Puck est
« mort. »

—Écoute, Gervais, il faut que je m'en aille. J'irai à Milan — je la verrai — je lui parlerai, je le jure — et puis, je reviendrai — mais j'ai aussi des douleurs à distraire, des blessures à cicatriser — tu ne le croirois pas, et cependant, cela est vrai! pour échanger contre ton cœur qui souffre, mon cœur avec toutes ses angoisses, je voudrois pouvoir te donner mes yeux!...

Gervais chercha ma main et la pressa fortement. Les sympathies du malheur sont si rapides!

—Au moins, continuai-je, il ne te manque rien de ce qui contribue à l'aisance. Les soins de ton protecteur ont fait fructifier ton petit bien. Les bons Chamouniers regardent ta prospérité comme leur plus douce richesse. Ta beauté te fera une maîtresse; ton cœur te fera un ami!

« — Et un chien!... » dit Gervais.

—Ah! je ne donnerois pas le mien pour ta vallée et pour tes montagnes, s'il ne t'avoit pas aimé!— Je te donne mon chien...

« — Votre chien! s'écria-t-il, votre chien!...
« — Non! non!... monsieur, cela ne se donne
« pas! » —

Voyez comme Puck m'avoit entendu! il vint me combler de douces caresses, mêlées d'amour, et de regret, et de joie. C'étoit la tendresse la plus vive, mais une tendresse d'adieu; et quand d'un signe qu'il attendoit je lui montrai l'aveugle, il s'élança fièrement sur ses genoux, et, une patte appuyée sur le bras de Gervais, me regarda de l'air assuré d'un affranchi.

—Adieu, Gervais!—Je ne nommai pas Puck : il m'auroit suivi. Quand je fus au détour de l'esplanade je l'aperçus, honteux, sur la lisière de la forêt. Je m'approchai doucement, il recula d'un seul pas, et puis étendit sur ses deux pattes une tête humiliée. Je passai ma main sur les ondes flottantes de sa longue soie, et, avec un serrement de cœur, mais d'une voix sans colère, je lui dis : Va...

Il partit comme un trait, se retourna encore une fois pour me regarder, et rejoignit Gervais.

Du moins il ne sera plus seul.

Insurrection.

Je l'avois promis à Gervais. Huit jours après j'étois à Milan.

Don Pic de Fanferluchio alla seul à la bibliothèque Ambrosienne. Breloque et moi nous aurions donné toutes les éditions de ce fameux Lavagnia, revues par ce docte Boninus Montbritius, pour une représentation des faits héroïques et des tragiques aventures de Polichinelle — et quelque chose me crioit :

« Voilà l'heure, voilà le moment. Entrez, mes-
« sieurs; entrez, mesdames! il y a bonne et nom-
« breuse compagnie, et l'on ne paie qu'en sor-
« tant. C'est ici qu'on montre le seul et véritable
« Polichinelle. Il est présent, il est vivant! Vous
« allez voir comme il remue les yeux; vous allez
« voir comme il montre les dents; vous allez voir
« comme il fait la grimace en mangeant son ma-
« caroni tout brûlant!... »

O POLICHINELLE!!! m'écriai-je!

O Polichinelle, Fétiche original et capricieux
des enfants!
O Polichinelle, Grotesque Achille du peuple!
O Polichinelle, Modeste et puissant Roscius des
carrefours!
O Polichinelle, Inappréciable Falstaff des âges
infortunés qui n'ont pas con-
nu Shakspear!

O POLICHINELLE!!! dis-je!

O Polichinelle, Simulacre animé de l'homme

naturel, abandonné à ses instincts naïfs et ingénieux!

O Polichinelle, Type éternel du vrai dont les siècles paresseux ont tardé trop long-temps à saisir le galbe difforme, mais spirituel et plaisant!

O Polichinelle, Dont le thème original enchanta souvent les loisirs de Bayle, et ranima plus d'une fois la paresse assoupie de La Fontaine!

O POLICHINELLE!!! je le répète!

O Polichinelle, Inépuisable orateur, philosophe imperturbable, intrépide et vigoureux logicien!

O Polichinelle, Grand moraliste pratique, infaillible théologastre, politique habile et sûr!

O Polichinelle, Seul arbitre légitime (il faut bien en convenir une fois à la face des nations), seul juge compétent et irrécusable des Codes et des Institutes, des Digestes et des Pandectes, des Novelles et des Authentiques, des Constitutions et des Chartes, des Extravagantes et des Canons!

O Polichinelle, Toi dont la tête de bois renferme essentiellement dans sa masse compacte et inorganique tout le savoir et tout le bons sens des modernes!

O POLICHINELLE!!! enfin!

J'en étois là de cette magnifique invocation (je ne la donnerois pas pour celle de Lucrèce, surtout dans la traduction que vous savez), quand une longue rumeur, sombre et houleuse comme le *stridor procellæ* de Properce, ou la *tempestas sonora* de Virgile, vint s'éteindre en *zmorzando* à mon oreille, après avoir parcouru tous les degrés du chromatisme effrayant des ouragans, de la place du Dôme au *Pozzo* :

Vivent Polichinelle et Brioché! crioient les uns; malédiction sur Girolamo!

Vivent Polichinelle et Girolamo! crioient les autres; malédiction sur Brioché!

Malédiction éternelle sur toi, profane et stupide vulgaire!

Puisque vous êtes d'accord sur Polichinelle,

vous, Girolamistes entreprenants, et vous, Briochistes obstinés, qu'importe quelle main le fera jouer, et dans quelle bouche sera placée la *pratique* aigre et criarde qui lui prêtera une voix!

Quant à moi, revenu un peu tard des préventions insensées des partis, j'ai jeté l'ancre de mes résolutions sur une pensée invariable. Je ne ferai plus de vœux que pour Polichinelle.

Dissertation.

Tout le monde sait, ou tout le monde devroit savoir, que le théâtre des marionnettes, qui fait aujourd'hui nos délices, fut institué par l'immortel Brioché, précepteur de Croque-Mitaine, et que, depuis la mort de ce grand homme (je parle de Brioché, car la gloire de Croque-Mitaine ne m'a jamais ébloui), on n'a rien changé aux profils de son *proscenium*, aux décorations de sa *cella*, aux costumes de ses *comparsi*, à la conduite de son *scenarium*, à la triple unité de son poëme. La moindre infraction à cette espèce de latrie que les professeurs professent immémorialement pour Brioché, étoit admonestée par les Universités, tarée par les Parlements, inquinée par les Capitulaires, témérée par les Édits, fulminée par les Bulles; non que Brioché fût un personnage très-orthodoxe, ni qu'il eût donné de grandes garanties de son savoir-faire dans la science de l'éducation, s'il faut s'en rapporter à Plutarque et à Quinte-Curce; mais parce qu'il y avoit quelque chose de réellement effrayant dans son encyclisme intellectuel.

En politique, on lui doit ces dés pipés qui produisent à volonté toutes les chances possibles dans la science ardue des gouvernements, moyennant que les rois s'en servent avec dextérité, et que les peuples n'y regardent guère. —

En morale, il a enseigné aux sages inoccupés l'art de passer innocemment le temps en faisant crever des baguenaudes entre leurs doigts. —

En statique, il étoit parvenu (chose difficile à

croire, et qui ne s'est jamais renouvelée dès-lors) à peser infailliblement l'ombre d'une happelourde. —

En optique, il avoit déterminé, à quelque différence près, qui devient tout-à-fait insensible dans l'usage commun, la portée moyenne du rayon visuel d'un colimaçon borgne. —

Il étoit le seul homme de son temps qui fendît isocoliquement un cheveu en quatre, et qui jouât péripatétiquement des gobelets stagyriens. —

Mais il mourut de regret de n'avoir pu expliquer la nuance inconstante et versicolore des eaux de Robec qui passent à Rouen, parce qu'il s'étoit obstiné à suivre leur cours, au lieu de le remonter jusqu'à la porte du teinturier.

Les successeurs de Brioché étoient donc en possession consacrée de faire parler Polichinelle, quand Girolamo parut.

Il est vrai de dire que Girolamo n'inventa rien,

car on n'a jamais rien inventé depuis qu'on a inventé Polichinelle.

Mais le théâtre de Brioché étoit si ridiculement étroit (Polichinelle le franchissoit d'une enjambée!) —

Les planches de Brioché étoient revêtues de lambeaux si usés, à peine rajeunis de siècle en siècle, comme le vaisseau ravisseur d'Énée, par des lambeaux si disparates, et d'une si hurlante assimilation. —

Les marionnettes de Brioché étoient si fatiguées,
>Si tronquées,
>Si pratiquées,
>Si critiquées,
>Si attaquées,
>Si antiquées,
>Si gothiquées,
>Si mastiquées,
>Si impliquées,
>Si compliquées,

Si déloquées,
Si déplaquées,
Si disloquées,
Si interloquées,
Si emberelucoquées,
Si imbriquées,
Si intriquées,
Si étriquées,
Si détriquées,
Si défriquées,
Si défroquées,
Si détraquées,
Si patraquées,
Si pelues,
Si trépelues,
Si velues,
Si farfelues,
Si pollues,
Si solues,
Si dissolues,
Si inoulues,
Si vermoulues ! —

L'histoire de Polichinelle étoit si monotone —

Le jeu du bâton de Polichinelle étoit si connu —

La grande machine du diable qui emporte tous les personnages, quand on n'en a plus besoin, étoit si passée de mode —

Brioché d'ailleurs étoit si bien mort, et Girolamo si puissamment vivant!...

. . . .

Mais j'ai promis de ne rien décider entre Girolamo et Brioché.

Ce qu'il y a de certain, c'est que le théâtre de Girolamo est tout neuf;

C'est que le devis en est neuf;
C'est qu'il est construit à neuf;
C'est qu'on l'a peint à neuf,
Badigeonné à neuf,
Vernissé à neuf,
Décoré à neuf,
Tapissé à neuf,
Ciré à neuf,
Frotté à neuf,
Machiné à neuf.
C'est qu'il est très-profond, très-large, très-élevé;

C'est qu'il réunit toutes les conditions que vous voudriez trouver réunies dans votre propriété, si par hasard vous en aviez une;

C'est que Polichinelle n'est jamais exposé à s'y précipiter dans le trou du souffleur, ou à s'y casser la tête contre le manteau d'Arlequin. —

Polichinelle y paroît de la tête aux pieds, c'est-à-dire deux fois plus grand que dans la loge parallélogrammatique de Brioché.

(Et notez bien *parallélogrammatique*, adjectif pittoresque qui en dit plus qu'il n'est long :

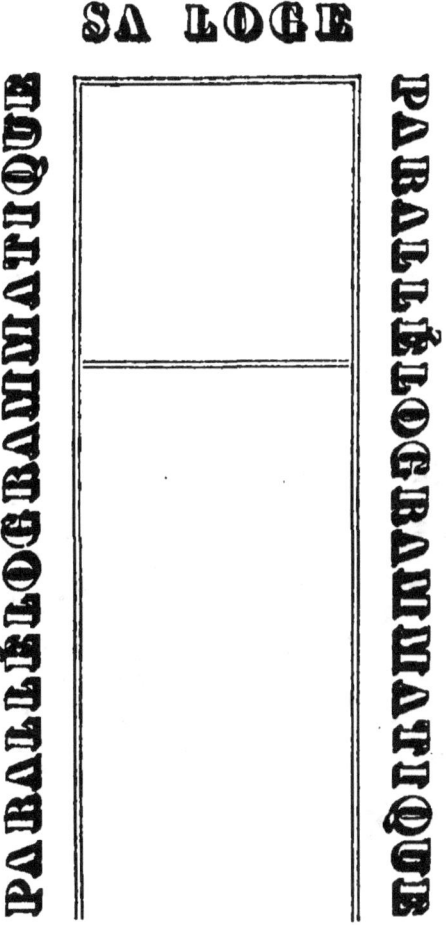

J'ai seulement regret de devoir la construction de cette figure géométrique au classique Despréaux.)

Sans Girolamo, on ne sauroit pas que Polichinelle a des sabots; et les sabots de Polichinelle sont un des caractères les plus spéciaux, les plus intimes, les plus complets de la physionomie originale de Polichinelle —

Le Polichinelle de Brioché est tout au plus un buste —

Le Polichinelle de Girolamo est presque un homme —

L'abbé d'Aubignac opine, à la vérité, que tout seroit perdu en littérature si l'envergure du compas qui embrasse les deux points extrêmes du diamètre de la loge de Polichinelle s'agrandissoit d'une ligne :

Mais le docteur Schlegel lui répond, avec son assurance ordinaire, que la grandeur de la loge de Polichinelle ne fait pas la moindre chose à la question, et qu'il ne voit aucun inconvénient à le faire danser dans la grande salle du palais, moyennant que la corde soit assez longue.

L'académie des *Éterni* de Zéronienté, sur le rapport de sa commission des *Sempiterni*, trancha brusquement la difficulté. Elle fit couper les deux oreilles à Schlegel et les deux jambes à Polichinelle.

Ce jour-là, Girolamo afficha relache.

Méditation.

Par Popocambou (c'étoit le juron de Confucius), par Popocambou, m'écriai-je, en laissant tomber le *Punch* de Cruyshanck sur mon *somno*,
Mes lunettes dans leur étui,
Mon éteignoir mécanique sur ma bougie,
Mes paupières sur mes yeux,
Mon *gourra* sur ma tête,
Ma tête sur ma main,
Ma main sur mon oreiller,
Et la balle studieuse d'Aristote dans une

coupe insonore où elle ne retentissoit plus. —

Par Popocambou, répétai-je d'une voix forte, et je ne crains pas cependant qu'elle ait réveillé personne de l'étage babélique où mon hôtesse m'a logé —

Par Po... po... cam... bou...... Il me semble qu'on auroit jugé plus sainement cette question à l'institut de Tombouctou.

Navigation.

Tombouctou, qu'aultrement nommez Tombut, ou Tumbut, ou Tumbuctu, est je ne sçay quelle ville, sise en je ne sçay quel païs, sous je ne sçay quel degré de je ne sçay quelle latitude; ains, si en croyez ces vieilles cy, au perpendiculare antipode de la capitale de Sapience, qui est *Sens-Commun*; et en recepvrez notoire et quidditative certaineté, perforaminant d'icelle nostre capsule tellurienne, ne plus ne moins que le praticquez, vous esbattant ocieusement à transfiler unions indicques et menues semences pérlières; ce que faisant dextrement et sans circumbilivagination, vous ne faillirez oncques, beuveurs, de yssir en Tumbuctie.

Des Tumbuctiens, rien ne vous sera présentement narré en ceste mirifique et seigneuriale histoire que ne treuviez ja grabelé aux livres de navigaige. Toutesfois n'en croyez mie ce fol ravasseur de Claude Ptolémée géographe, car il ne desgoise de Tumbuctu que goffes, bourdes, trupheries, gaberies lucianicques, et phantasies abhorrentes à nature, telles que hommes cacomorphes et siléniens à la queue de six empans. Mercy de Dieu, que n'en avez-vous de tant suppellative amplitude, vous aultres paillards de plat païs, d'autant que c'est chouse moult belle à veoir et à grand proufficct de mesnaige, comme il se peut apertement cognoistre ès moutons de Tartarie. Mais je vous affic par Golfarin, qui fut nepveu de Carmentran (par ma part de paradis, je n'oseroys : je ne suis tant hypercritiquement oultrecuidé!), que pour transgredir jusqu'à icelle joyeuse et caudipotente nation, il convient que marchiez encores on ponent dudict Tumbuctu le port de treize sarbacanes et la longueur de ce bastonnet.

Tumbuctiens sont gens à priser entre touts humains, frisques, guallants, coquarts; bien advenants en leur maintien, bien advantagez en nez; idoines à tous jeux plaisants, bons rencontres et honnestes devis; aguts affineurs et desnicheurs de cailles chapperonnées, et voulentiers aymants mieulx cent messes dictes qu'un voyrre de vin bu: au demourant, féaulx subjects, beaux payeurs d'impôts, et furent aussy bons christians que le fustes oncques; mais les béats petits pères encucullionnez de l'ultime concile, vous les fulminarent et vous les excommuniarent comme serpes, pource qu'ils s'estoyent mescomptez, en barbottant leurs oraisons et menus suffraiges, au numbre des poils de la cabre de monseigneur saint Pacosme. Que Dieu en soit loué partout! Matière de bréviaire.

Apparition.

Je ne sais si vous avez remarqué comment s'accomplit le mystérieux phénomène des songes. Artémidore et Apomazar ne s'en sont jamais douté.

Au moment où ces paroles insignifiantes, *l'institut de Tombouctou,* s'assourdissoient lentement avec la dernière de mes idées, dans le silence toujours croissant du sommeil, je ne sais quel organe vibratile et sonore en prolongeoit encore le retentissement à travers les échos presque muets de mon intelligence assoupie, et quelles touches inconnues les faisoient rebondir à mon oreille, comme les notes confuses d'une voix éloignée.

Qu'est-ce qu'un institut?............

Cela existe-t-il?................

Quelqu'un en a-t-il parlé?...........

Y a-t-il un autre institut que celui de Tombouctou?...................

Que fait-on d'un institut à Tombouctou?....

Les habitants de Tombouctou sont-ils sauvages?....................

Quelles sont les circonstances urgentes et les nécessités invincibles qui les ont réduits à inventer l'institut?................
..... L'institut de Tombouctou?........

Là finit à peu près la première opération de l'esprit dans l'homme qui s'endort, vous voyez qu'elle est encore assez conforme à l'ordre de la dialectique; mais le dernier acte de réflexion de la pensée raisonnante est à peine terminé, que la perception qui lui échappe tombe dans le domaine d'un autre sens, qui est ordinairement celui de la vue. Votre conversation avec vous-même est achevée, mais elle n'a fait que changer de forme. L'objet de la discussion est devenu actif et sujet. Le juge de la discussion est devenu passif et témoin. La méditation trompée a fait place à un spectacle. Un tableau animé se développe aux yeux de votre imagination. Vous voyez se presser sur des banquettes, ou se carrer sur des fauteuils, des figures ennuyées qui contemplent des figures ennuyeuses, que dominent de quelques pieds d'autres figures effrayantes d'importance et désolantes de nullité. Deux idées jumelles surgissent tout-à-coup de votre cerveau : — l'INSTITUT et TOMBOUCTOU.

Voilà les localités connues, les personnages établis, les costumes déterminés comme dans un drame allemand; mais je ne sais comment vous faire comprendre l'organisation de l'institut de Tombouctou, si je ne vous raconte son histoire;

Et nous n'irons pas la chercher bien loin, car je la tiens.

Exploration.

« Il y avoit une fois un roi qui aimoit son
« peuple... »

« — Cela commence comme un conte de fée,
« dit Jalamir. »

« — C'en est un aussi, répondit le druide. »

Mais je ne sais pas pourquoi je volerois ce magnifique début à Rousseau.

Aimeriez-vous mieux Tacite?

« Il y avoit long-temps que Tombouctou étoit
« gouverné par des rois... »

Ou voulez-vous que nous entrions en matière
avec Suétone?

« Popocambou-le-Chevelu atteignoit à peine
« à sa seizième année... »

Ce qu'il y a de certain c'est que de tous les
souverains de l'univers (il n'est question ici ni de
César, ni de Galba, ni de Charles-le-Chauve), le
plus richement fourni en cheveux qui ait jamais
existé, c'est Popocambou-le-Chevelu.

Et ce favorable hasard lui avoit inspiré sympathiquement un goût si prononcé pour les amples chevelures, et pour les perruques académiques, scientifiques, philosophiques, sophistiques, doctorales, médicales, théologales, judiciaires et universitaires, qu'il s'étoit formé une collection de perruques, unique chez toutes les nations, et qui manque essentiellement à notre musée royal.

A part cette innocente manie......

(Celle de Denys, tyran de Syracuse, dit Breloque, étoit de métriser des vers, et de les débiter inhumainement à tout venant; celle de Néron, de baller et mimer sur les tréteaux avec les mimes et baladins; celle de Commodus Hercules, de boxer dans l'arène avec les gladiateurs; celle de Henri V d'Angleterre, de hausser le temps à grand renfort de brocs dans les tavernes de la Cité, avec les roule-bontemps et joyeux compagnons; celle de Henri VIII, de controverser dans les écoles avec les prédicants, et il faisoit rage d'arguer;)...

A part ce gout passionné, mais inoffensif, Popocambou-le-Chevelu étoit une espèce de sage; et c'est, au dire de Marc-Aurèle, le plus grand éloge qu'on puisse faire d'un homme, surtout quand cet homme est roi, et qu'il est roi de Tombouctou.

Popocambou, las des flatteurs, le pire des ennuis de la royauté; las même de ses délices et de ses gloires, s'étoit renfermé dans son musée favori comme dans un sérail. Il y vivoit en philosophe contemplatif, au milieu de ses perruques; il se réjouissait dans ses perruques comme Salomon dans ses œuvres, il méditoit sur ses perruques, il consultoit ses perruques, et il les quittoit quelquefois avec ce sentiment de douce satisfaction que procure une vérité acquise, et qu'il avoit bien rarement emporté de son conseil d'état.

Pendant ce temps-là le gouvernement marchoit, et le peuple n'avoit jamais été aussi heureux de subir l'influence des perruques que depuis qu'il n'y avoit plus de têtes dedans.

Comme la pensée, la parole et la presse étoient libres à Tombouctou, Popocambou-le-Chevelu, qui ne voyoit plus personne, mais qui lisoit tout, comprit qu'il n'étoit pas loin d'arriver à la forme la plus parfaite de gouvernement possible.

« — Et cependant, dit-il, si je mets un sot sous
« cette perruque savante!

« Un homme cruel et insidieux sous cette per-
« ruque judiciaire...

« Un homme artificieux et avide sous cette
« perruque administrative...

« Un homme lâche ou irrésolu sous cette per-
« ruque martiale...

« Un hypocrite pervers sous cette perruque
« chaste et modeste qui appelle la confiance et
« le respect...

« Ah! mon Dieu! s'écria Popocambou, en ra-
« battant ses longs cheveux sur ses yeux, qu'il
« est difficile de gouverner! » —

Et, après un moment de réflexion, il inventa les têtes à perruque.

Procréation.

Tombouctou possédoit alors un de ces grands hommes que les peuples n'apprécient ordinairement que lorsqu'ils les ont perdus. C'étoit un mécanicien philosophe, et peut-être nécromant, qu'on appeloit Mistigri, soit qu'il eût reçu du hasard ce nom patronymique, qui est, à la vérité, un nom comme un autre, soit qu'il lui eût été donné par allusion à quelque ressemblance fortuite avec le valet de trefle.

Ce puissant génie, long-temps flatté par les deux factions religieuses qui se partageoient l'empire et qui recherchoient à l'envi son appui, avoit fini par être repoussé de toutes deux, parce qu'il s'étoit refusé à se prononcer dans la dangereuse question qui les divisoit. Il aima mieux se condamner à l'exil que de décider si le hanneton sacré qui a fondé les îles de la mer, comme personne n'en doute, étoit mâle ou femelle.

Popocambou-le-Chevelu, que son excellente éducation et la direction solennelle qu'avoient pris depuis peu ses études royales, élevoient, comme je l'ai dit, fort au-dessus du vulgaire, étoit tout-à-fait de votre avis et du mien sur cette scabreuse controverse. Il savoit à merveille que le grand hanneton est hermaphrodite, mais il ne le disoit pas.

Popocambou-le-Chevelu avoit donc royalement abandonné Mistigri à ses ennemis, en se réservant de se souvenir de lui quand il en auroit un besoin urgent. —

Dans l'occasion dont nous parlons, il lui fit une énorme commande de têtes à perruque.

L'affaire des têtes à perruque ramena Mistigri à la cour. Précédé par la renommée de ses têtes à perruque, il y entra comme si jamais il n'en étoit sorti. La question du sexe du grand hanneton s'agita bien dans quelques gazettes récalcitrantes et arriérées sur le siècle; mais les hommes positifs, qui sont toujours en majorité dans les affaires, s'arrêtèrent aux têtes à perruque, et Mistigri fut fait ministre d'état.

« — Voilà qui est étonnant, dit le roi... — Mais
« c'est que je les reconnais ! On croiroit qu'il ont
« posé. »

(Mistigri sourit.)

«—Enfin j'aurai donc, reprit Popocambou-le-
« Chevelu, des ministres à perpétuité, un conseil
« inamovible, et, si faire se peut, une académie
« immortelle. En vérité il ne leur manque que
« la parole! »

—Mes têtes à perruque parleront quand votre
majesté l'ordonnera, répondit Mistigri, en s'in-
clinant avec une dignité respectueuse.

« — Quand je l'ordonnerai! s'écria le roi, je
« voudrois en entendre une tout à l'heure, dût-il
« m'en coûter la plus belle de mes perruques! »

—Votre majesté, reprit Mistigri, n'a qu'à soulever la perruque de celle de ces têtes qu'il lui
plaira le plus d'ouïr, et qu'à frapper de son
doigt une des protubérances qu'elle y remar-
quera, et qui sont plus ou moins prononcées
suivant le degré d'intelligence mécanique que
j'ai trouvé à propos de donner à mes têtes à perruque. —

Popocambou-le-Chevelu n'avoit pas attendu la fin de la phrase. — « Mais il n'y a pas la moindre « protubérance, mon cher Mistigri. Je ne donne-« rois pas un copeck pour échanger contre cette « tête de bois celle de mon grand séraskier. Elle « est lisse comme un œuf ! »

— Il est vrai, dit Mistigri, mais la sagesse de votre majesté en trouvera facilement l'emploi. Vous en ferez un grand seigneur assidu au petit lever, un dignitaire de naissance, un conseiller de faveur, un académicien de fortune, un ministre de transition, un journaliste officiel. — Passez. —

« — En voici un dont la tête est chargée de « petites protubérances à l'infini? »
— Esprit superficiel qui touche à tout et qui n'est propre à rien; ce que les sots appellent un homme universel.

« — Que signifie cette protubérance unique? »
— Esprit tranchant et absolu qui a concentré toutes ses facultés sur une idée, à défaut d'en

pouvoir réunir deux; ce que les niais appellent un philosophe.

« — Comment nommes-tu dans celui-ci cette « protubérance insolente? »

— L'orgueil. C'est un dévot.

« — Et cette autre si remarquable dans ce-« lui-là? »

— La cupidité. C'est un philanthrope.

« — Et cette bosse monstrueuse? »

— L'ambition. C'est un indépendant.

« — Il me prend envie de faire parler une de « mes têtes à perruque, dit Popocambou, en im-« primant fortement le pouce sur une protubé-« rance usée à force d'avoir servi. »

SIRE, C'EST UN GRAND ET BEAU JOUR POUR NOUS, dit la tête à perruque...

—Ah! divin Popocambou! s'écria Mistigri, lâ-chez le ressort. Je connois cette tête-là. Elle dit toujours la même chose, et elle ne sait ce qu'elle dit.

On ne se fait pas d'idée de la joie de Popocambou-le-Chevelu à cette séance d'épreuve. Il pouvoit enfin concilier sa tendre estime pour les perruques avec son ancien amour pour la société, et retrouver, quand il le voudroit, la conversation docile et le cérémonial obséquieux de son palais parmi ses courtisans de bois.

« — Homme sublime! dit-il à Mistigri avec une
« profonde expansion, comment pourrai-je ré-
« compenser ton génie? »

— En me demandant la vérité quand vous en aurez besoin, répondit Mistigri.

« — Et me dirois-tu si le hanneton sacré n'est
« pas hermaphrodite? s'écria Popocambou. »

— Je n'ai jamais ni vu ni tenu ni connu le hanneton sacré, repartit Mistigri.

« — Eh bien, reprit Popocambou, palpe sans
« crainte ma tête royale, et dis-moi avec sécurité ce
« que signifient mes protubérances dominantes. »

Mistigri exposa son astrolabe, déroula ses livres sibyllins, interrogea ses cartes et ses tarots, convoqua Éteilla, Decremps et Spurzheim; Apollonius de Thiane, Cabanis et Simon le magicien; Agrippa, Pinetti et Lavater; Comte, Gall et Cagliostro. Il jeta ses dés fatidiques. Il lança ses talares et ses osselets. Il fit pirouetter le toton, il fit bruire le rhombus, et, la main appliquée sur les vastes protubérances frontales du bon roi de Tombouctou :

—Elles signifient, dit Mistigri, que la première

princesse qui fut honorée des bonnes grâces de votre majesté aimoit beaucoup la danse.

« — Hélas ! soupira Popocambou-le-Chevelu... »

(On sait que j'ai toujours cherché à placer dans mes écrits les plus sérieux quelque trait de sentiment.)

« Hélas ! continua-t-il en sanglotant, elle ne
« pouvoit pas danser ! sa pantoufle étoit trop
« étroite. »

Distinction.

« —Vous êtes donc décidément sorcier? reprit « Popocambou-le-Chevelu. »

— Non, sire, répondit Mistigri; je suis cranologue.

« —Alors, dit le Roi, c'est bien différent. »

Rémunération.

Cependant le bon Popocambou, jaloux de récompenser magnifiquement Mistigri, car il fut naturellement plus généreux et plus reconnoissant qu'on n'incline à l'être d'ordinaire en ce gentil métier d'autocrate, lui octroya le droit de blazonner son écu d'armes d'une tête à perruque, ce qui étoit tenu et réservé dans les constitutions héraldiques de Tombouctou pour faveur hyperbolique et royale :

Et, en outre, la chasse libre, exclusive et privilégiale dans toute l'étendue de son empire, de toute espèce de volatiles farfallesques et culiciformes, portant bouches, dents, pinces, crochets, mâchoires, mandibules, pompes, trompes, suçoirs, rostres, proboscides, aiguillons, langues, ligules, palpes, lèvres, spires, ou autres instruments intus-susceptifs, lesquelles bestioles sont vulgairement désignées sous le nom de papillons de jour ou de nuit, et de mouches urbaines, rurales, paludivagues ou silvatiques, savoir :

Sphynx,
Phalènes,
Noctues,
Noctuelles,
Bombyces,
Pyrales,
Zygènes,
Alucites,
Sésies,
Hépiales,
Teignes,
Ptérophores, qui ont les ailes mignardement

empennées, comme ailes d'oiseaux, et découpées en menus rameaux, à la façon de l'éventail de nos bachelettes;

Libellules,

Demoiselles,

Ascalaphes,

Hémérobes,

Myrmiléons,

Éphémères : vous en avez pu voir au fleuve Hypanis;

Semblides,

Phryganes,

Perles,

Panorpes,

Tenthredons,

Ichneumons à queues bifides et trifides, qui sont vampires de chenilles, larves, nymphes, chrysalides et aurélies;

Évanies,

Typhies,

Scolies,

Guêpes,

Chrysides,

Leucospes,

Andrènes,
Avettes, ou abeilles melliflues,
Frelons,
Crabrons,
Bourdons,
Cynipes,
Diplolèpes,
Urocères,
Dolères,
Cryptes,
Allantes,
Némates,
Ptérones,
Céphaléies,
Orysses,
Trachètes,
Sirèces,
Trémèces,
Aulaques,
Fènes,
Stéphanes,
Anomalons,
Bracons,
Antéons,

Céraphrons,
Pompiles,
Céropales,
Sphèces,
Misques,
Ampulèces,
Psènes,
Stigmes,
Apies,
Larres,
Dimorphes,
Plésies,
Taques,
Sapygues,
Myrmoses,
Bembèces,
Stizes,
Thynnes,
Masarides,
Simbléphiles,
Mellins,
Arpactes,
Alysons,
Nyssons,

Philantes,
Cercères,
Gonies,
Miscophes,
Dinètes,
Cémones,
Hélores,
Oxybèles,
Prosopes,
Nomades,
Pasites,
Épéoles,
Cératines,
Bélytes,
Lasies,
Crocises,
Trigones,
Trachuses,
Xylocopes : de vos jours vous ne trouvâtes plus rudes besogneurs dans les vieilles souches;
Doriles,
Labides,
Figites,
Chélones,

Cleptes,
Omales,
Codres,
Cinètes,
Chalcides,
Psiles,
Myrmes,
Fourmis ailées,
Termes,
Termites,
Mutilles,
Brêmes,
Attes,
Maniques,
Tipules,
Bibions,
Rhagions,
Syrphes,
Asiles,
Conopes,
Stratyomes,
Stomoxes, qui piquent outrageusement en temps d'orage;
Maringouins,

Cousins : ce fut un d'iceux qui fanfaroit tempêtueusement dans la chambre à coucher de mon oncle Tobie, quand celui-ci, ouvrant la fenêtre : « Va, pauvre bête, lui dit-il bénignement, « le monde est assez grand pour nous deux. »

Moustiques : je n'en vis jamais tant que de Tarascon au pont du Gard, mais Mistigri n'y avoit pas passé ;

Céroplates,

Cténophores,

Chironomes,

Hirtées,

Scatopses,

Lertes,

Mydes,

Siques,

Sciarres,

Hermétics,

Xylophages,

Athérices,

Némotèles,

Pangonies,

Heptatomes,

Heptatopotes,

Chrysopes : ô de quelle benoite et riante couleur ils ont la prunelle !
Cythérées,
Volucelles,
Anthraces,
Bombyles,
Ploades,
Empides,
Tachydromies,
Hybotes,
Damalides,
Dioctries,
Laphries,
Dasypogons,
Céries,
Myopes,
Mulions,
Milésies,
Mérodons,
Bacques,
Diopses,
Loxocères,
Scatophages : fi, les vilains !
Psares,

Lauxanies,

Oscines,

Thérèves,

Rhingies,

Oestres,

Tabans : de cette race étoit le moucheron qui poignit si véhémentement le lion d'Ésope ;

Éristales,

Achiades,

Scaeves,

Sargues,

Vappons,

Calobates,

Néries,

Dolichopes,

Daques,

Tachines,

Ocyptères,

Téphrites,

Dictyes,

Acrocères,

Hénopes,

Scenopins,

Trineures,

Hippobosques, et autres innumérables animalcules innommés que vous pouvez voir danser par un beau soir d'automne, chantant, sifflant, grisolant, murmurant, susurrant, sonnant, tonnant, barytonant, bourdonnant et fredonnant, dans un rayon du soleil.

Mais la noblesse du pays, grièvement irée et dépiteuse qu'un simple clerc pût giboyer à cœur joie dans la plus belle part de ses apanages, profita d'un nouveau règne qui survint peu après, et des licences du joyeux avénement, pour harper monseigneur du grand-veneur, et le faire hisser bien et beau à l'angle de la plate-forme de la grande pyramide qui regarde du côté de Villers-Cotterets, où l'infortuné Mistigri fut par lesdites mouches misérablement dévoré. Et ceci arriva, si les chroniques ne m'affolent, un certain jour d'une certaine hebdomade d'une certaine lune d'un certain mois d'un certain an d'une certaine olympiade d'un certain lustre d'une certaine indiction d'un certain siècle d'une certaine hégire ou d'une certaine ère qui avoit cours bien long-temps avant le premier usage des montres de bois. Aussi ne saurois-je vous dire l'heure.

Mais c'est à cela que se réduisent, quoiqu'en aient gribouillé ces damnés menteurs d'Hellènes dans leurs paperasses poétiques, la création des hommes par les Titans et la punition de Prométhée. Entendez toujours par là, je vous prie, l'invention des têtes à perruque organiques, et la déplorable fin de Mistigri livré aux mouches.

Et voilà comment les plus grandes difficultés se simplifient quand on porte un peu de philosophie dans l'histoire.

Précaution.

Et je dois ajouter que dans cet état — je veux dire l'état de l'homme qui dort —

(Ne seroit-ce pas vous?)

— Il ne reste guère des idées acquises qu'un petit nombre d'aspects saillants et caractéristiques qui suffisent pour les nommer, mais dont la véritable expression s'évanouit bientôt sous une foule de formes capricieuses. Ces légères superficies de l'être réel, égarées dans le vague au souffle de l'imagination, se croisent, se mêlent, se confondent, variant de couleur et d'éclat suivant le jeu bizarre du prisme éblouissant des songes. Le sommeil, aveugle tyran de la pensée, s'amuse à tromper nos impressions les plus familières, et à les déconcerter, comme un charlatan habile, par des impressions opposées. A peine ses doigts ont fait vibrer une corde harmonieuse et fantastique, et le voilà déjà qui brode sur les notes majestueuses une grossière bacchanale ou un vaudeville grivois. A peine la décoration changeante qui lui obéit a-t-elle offert à vos regards la chaire vénérable du savant, qu'elle laisse apparoître les tréteaux grotesques de Mondor et de Gratelard; car il est de la nature de cette ame irrationnelle qui veille en nous quand nous dormons, de ne pas laisser échapper une perception sublime sans la tarer de quelque empreinte de ridicule; et c'est ce qui a fait dire à un sage que les rêves étoient la parodie de la vie.

Allez, allez, mon cher Breloque, la véritable

science est trop indulgente pour s'offenser des atteintes de votre marotte étourdie. Elle sait que les découvertes qui reculent ses limites ont quelquefois un côté plaisant, et elle pardonne au sommeil, parce que le sommeil est bouffon.

Installation.

Depuis la mort de Popocambou-le-Chevelu, ses perruques avoient été long-temps oubliées au garde-meuble. On ne les montroit plus que dans quelques occasions extraordinaires, comme les nippes de Charles-le-Téméraire au grand jubilé de Berne, et le ressort des protubérances s'étoit rouillé irréparablement dans les meilleures têtes. Il est pénible d'avouer que les trois quarts de l'institut de Tombouctou ne servoient qu'à faire tapisserie ; mais on y revenoit toujours, parce qu'il y avoit réellement quelque chose de merveilleux dans l'industrie du mécanicien, et que Tombouctou est d'ailleurs de toutes les villes du monde celle où l'on a le plus de temps à perdre.

Mistigri avoit été si heureux dans l'expression de ses figures, qu'il n'en étoit pas une qui ne parût s'occuper d'un objet ou s'adonner à une étude, comme si elle eût été organisée à la manière des créatures raisonnables, et c'est ce qu'on n'avoit jamais vu qu'à l'institut de Tombouctou.

Il y en avoit qui cribloient très-méthodiquement les mots de la langue dans un grand sas académique.

Il y en avoit qui les belutoient sophistiquement, et qui en tiroient un grand profit en vendant la recoupe à je ne sais quels malotrus fainéants pour en faire quelques lippées.

Il y en avoit qui épluchoient des pronoms, qui trioient des conjonctions, qui vannoient des particules, et qui écossoient des adverbes.

Il y en avoit qui faisoient passer deux ou trois idées des grands écrivains à travers une filière classique, et qui les dévidoient proprement sur une bobine sans fin.

Il y en avoit qui les étendoient sur un laminoir ou qui les écrasoient sous un cylindre, jusqu'au moment où elles parvenoient au plus parfait degré de platitude possible.

J'en vis un qui concassoit grammaticalement des étymologies latines dans un beau mortier despautérien. — Dieu! quelle riche opération!

J'en vis un autre qui étoit parvenu à faire un rubis spinelle plus gros de moitié que le bloc d'ambre carabé d'où fut tirée la statue colossale de Popocambou, sans employer autre ingrédient que de la graine de pimprenelle soigneusement élaborée; mais je l'ai retrouvé depuis vendant des rosaires pour vivre, et criant *corone, corone*, au parvis Saint-Antoine de Padoue.

Le plus habile de tous vint me proposer une magnifique entreprise; celle d'un pont suspendu qui devoit aboutir de Tombouctou à la rue Folie-Méricourt, sous l'entresol de Victorine, et celle d'un *tunnel* non moins ingénieux, qui débouchoit à travers quelques milliards de millimètres au juste milieu de la chambre à coucher de Fanny; mais il ne put jamais élever ses premières assises à plus de deux pieds anglois au-dessus du terrain, à cause des grands vents de tramontane qui couroient dans ce pays-là.

On ouvrit les portes à un savant vénérable, bien connu par la patience méritoire avec laquelle il essayoit depuis cinquante ans de peser la matière et l'esprit, dans deux bassins de toile d'araignée qui n'avoient pas résisté une seule fois à l'expérience. Il entra fièrement avec ses balances vides, mais il ne perdit guère à l'événement. — Il n'avoit pas laissé tomber une idée en route.

Je remarquai parmi eux une douzaine de jeunes gens de bon air qui mêloient assez industrieusement des feuillets de papier où étoient figurés des rois, des dames et des valets, et qui les distribuoient fort élégamment en cinq paquets, comme au jeu de brelan. — On m'assura qu'ils croyoient faire des tragédies.

La séance s'ouvrit, suivant l'usage, par un morceau d'apparat qui avoit été demandé à la tête la plus oratoirement organisée de l'institut de Tombouctou. On commença par disposer devant l'orateur je ne sais combien de fioles industrieusement préparées par le grand abstracteur des quintessences verbales et grammaticales, et sur lesquelles on lisoit : *verbes, adverbes, conjonctions, particules, substantifs, adjectifs.* Celle-ci étoit la plus remplie, et, pour le dire en passant, celle qui avoit la meilleure mine. Il mêla tout cela délicatement dans un verre de mesure, et saupoudra ensuite sa mixtion d'une immense quantité de voyelles, de tropes et de points d'exclamation. Puis frappant sa tête de bois d'une main de bois, et la renversant en arrière de manière à décrire sur le pied de la machine un angle obtus de cent trente-cinq degrés, il s'ingurgita la potion sonore, et s'en gargarisa éloquemment pendant un bonne heure d'horloge, suivant la formule, aux applaudissements réitérés de l'auditoire. Il est vrai de dire que c'étoit le borborygme le plus harmonieux qu'il fût possible d'imaginer, et que vous y auriez pris grand plaisir, à cela près que le fils de l'enchanteresse Craca, qui entendoit le langage des animaux comme le sien propre, n'y saisiroit pas, dans toute la succession des siècles, la plus minime portioncule de sens, ce qui fit que plusieurs dames de l'assemblée se pâmèrent par trop forte contention d'esprit.

Quelqu'un m'assura que la plupart de ces têtes ne vivoient que de se gargariser ainsi en public trois ou quatre fois l'an. Aussi puis-je vous jurer, sur la pantoufle de Popocambou, qu'elles étoient étiques, anhémiques et chlorotiques, ni plus ni moins que les malades guéris du docteur Sanguisorba.

Dentition.

On tira ensuite un rideau derrière lequel étoient assis à deux tables thériacales et orviétanesque deux personnages dont l'attitude me rappela les marchands de catholicon que nous vîmes en 1593 aux états de la ligue.

La table du premier étoit couverte de hauts, grands, gros, longs, larges et profonds bocaux où flottoient, dans une liqueur limpide, une multitude d'animaux que je n'avois jamais rencontrés qu'au pays de tapisserie, tels que —

Lycisques léporigènes,
Écureuils cornifères,
Connils emplumés,
Hérissons inermes,
Limaces lépidoptères,
Anguilles quadrumanes,
Lamproies inoculées,
Sauterelles de main, de selle et de brancard,
Hannetons de juillet caparaçonnés à la moresque,
Tortues acrobates,
Huîtres vertébrées, et autres rares merveilles.

« Messieurs, dit le jeune professeur, . . .
« . . . .
« . . . .
« . . '. . . . .
« . . . .
« . . . . —

« Ce que je viens de vous rappeler de nos
« théories académiques, reprit-il après un mo-

« ment de repos, me dispensera d'insister sur
« les motifs qui m'ont déterminé dans la classi-
« fication des *Anomalates*, ou animaux à mâ-
« choires improprement appelées monstrueuses
« Vous savez qu'après avoir reconnu l'action su-
« blime de la nature dans ces créations extra-
« normales, qui ne lui font pas moins d'honneur
« que celle des mâchoires les plus régulières,
« nous avions divisé nos *Anomalates* en trois
« grandes familles, savoir :

« 1° Les POLYODONTES, ou mâchoires à rangs
« de dents multiples. Cette magnifique mâchoire
« que j'ai l'honneur de vous soumettre est la
« mâchoire d'Hercule l'ancien, qu'il ne faut pas
« confondre avec cette foule d'Hercules de nou-
« velle fabrique que vous trouvez dans les My-
« thographes. Celui-ci est bien reconnoissable à
« ses trois rangs de dents qui sont fort curieuse-
« ment décrits dans Apollodore. Cette particula-
« rité ne s'est renouvelée depuis que dans un bon
« homme de Clèves dont les mandibules nous
« ont été obligeamment communiquées par le
« savant Mentzelius.

« 2° Les Monodontes, ou mâchoires à une
« seule dent. Ce genre nous fournit deux *spe-*
« *cimen* bien remarquables. Voilà, messieurs,
« dans ma main droite, la mâchoire de Pyrrhus,
« roi d'Épire, et, dans ma main gauche, celle de
« Prusias, fils du roi de Bithynie, qui naquirent
« *monodontes*, de la mâchoire superne, comme
« il est écrit en Plutarque. La mâchoire de Pyr-
« rhus est d'autant plus intéressante qu'elle a été
« retrouvée sous un tesson de poterie qui pro-
« vient apparemment de la cruche de grès avec
« laquelle il fut tué par une vieille femme, le
« jour de la prise d'Argos.

« 3° Les Anisodontes, ou mâchoires défec-
« tueuses par excès ou par défaut, qui n'ont pas
« pu se ranger dans ces deux premières divisions,
« et notamment les brèche-dents. »

(J'écoutois de toutes mes oreilles!)

« Ce qu'il y a de plus extraordinaire dans ce
« genre, et peut-être dans tout ce que nous sa-
« vons et dans tout ce que nous pouvons conjec-

« turer sur les mâchoires passées, présentes et
« futures, c'est la mâchoire de Popocambou-le-
« Brèche-dent. »

(Je respirai.)

« Popocambou-le-Brèche-dent, dont il est ques-
« tion ici, est, comme vous le savez tous, mes-
« sieurs, le trois millième roi de l'illustre dynas-
« tie des Popocambides, selon le calcul d'un de
« nos plus illustres chronologistes, à moins qu'il
« ne soit que le treizième, comme le pense un
« autre; mais le choix est assez indifférent, puis-
« que ces deux savants ont partagé le prix d'his-
« toire cette année. »

(Attention profonde et soutenue. — Quelques voix de l'amphithéâtre : *Écoutez! écoutez!*)

«La mâchoire de Popocambou-le-Brèche-dent,» continua-t-il, en ouvrant respectueusement un reliquaire d'or, marqueté d'argent comme les colliers de la Sulamite, dont il exhiba je ne sais quoi de mandibuliforme, qui n'a plus de nom dans aucune langue, pour parler comme Tertullien, « la mâchoire de Popocambou-le-Brèche-dent, « messieurs, c'est cela. »

(Les applaudissements éclatèrent.)

« Tout le monde peut y remarquer l'absence
« d'une des hautes dents incisives, et comme
« cette particularité se rencontre souvent dans
« des mâchoires vulgaires, à la suite de certaines

« maladies ou de certaines percussions, je vous
« prie d'observer qu'elle n'est point accidentelle
« dans Popocambou-le-Brèche-dent. Elle résulte
« de la conformation des os maxillaires de ce
« grand prince, c'est-à-dire du défaut d'alvéole
« à cette partie de son auguste mâchoire, où vous
« chercheriez inutilement jusqu'à la verrucosité
« dentiforme des quadrupèdes ovipares et jus-
« qu'à la strie dentivaque des oiseaux. »

(Mouvement.)

« S'il y eut jamais quelque chose de doux et
« d'honorable dans nos recherches, messieurs, »
dit l'orateur, en finissant, avec l'expression d'une
satisfaction modeste, « c'est surtout d'avoir pu
« constater que le monarque adoré dont Tom-
« bouctou conserve si précieusement le souve-
« nir, appartenoit, par sa mâchoire, au troisième
« genre de notre classe des *anomalates.* »

(Ici l'enthousiasme parvint au dernier degré.)
. . . .
Et je me retournai dans mon lit.

Exhumation.

Je m'étois tourné précisément du côté de la seconde table, qui étoit occupée par un vieux petit antiquaire, sec, pâle, racorni, fruste, frotté, fourré, rouillé, rogné, usé, limé, dépatiné, qu'on avoit trouvé, entre deux amphores, dans une crypte anté-diluvienne, en fouillant les fondations de la grande pyramide, et qui devoit à son éternité momiesque le privilége de figurer à perpétuité comme fondé de pouvoir pour toutes les momies qui peuvent se rencontrer sur le globe depuis les étroits étuis des Guanches jusqu'aux profondes caves des Égyptiens. Son bureau étoit flanqué de quatre fières momies, dressées, le point sur la hanche, le nez au vent, l'œil émerillonné, la jambe tendue et alerte, momies princières et royales —

Il y avoit devant lui une autre momie, si gracieuse, si fluette et si mignonne!

Tant de candeur brilloit sur son front ingénu!
Tant d'amours se jouoient sur son sein demi-nu!

— Que ce bras voluptueux devoit embrasser avec douceur le corps d'un amant! — Qu'il devoit fléchir avec abandon sur le bras d'un amant, ce corps souple et délicat! —

Je ne sais quelle puissance invincible m'entraînoit vers cette momie! j'y volois, si le respect ne m'avoit arrêté.

« Messieurs, dit l'antiquaire, la jeune per-
« sonne que vous voyez est la grand'mère de
« Popocambou. »

Opération.

―――

« Doux et touchant modèle de toutes les ver-
« tus, » continua l'antiquaire en s'adressant à la
momie ―

« Faut-il que vous ayez été ravie, dans la fleur
« de votre printemps, à une grande nation dont
« vous étiez l'ornement et l'espérance !...

« Funeste et incompréhensible destinée, qui
« ne montre à la terre les plus rares perfections

« que pour lui apprendre que rien n'est dura-
« ble ici-bas, et que ces types divins de la plus
« parfaite organisation humaine sont ceux qui
« s'effacent le plus vite !...

« Qu'il nous soit permis du moins, chaste et
« glorieuse tige de nos maîtres, de verser des
« larmes intarissables sur votre sort, et de semer
« tous les ans de nouvelles fleurs sur votre tom-
« beau ! Fille et aïeule des rois, que la terre vous
« soit légère !... »

Après cette allocution pathétique, il s'arma
d'un bistouri fraîchement émoulu, l'introduisit
profondément dans la gorge de la reine-mère,
entre les deux clavicules, et l'ouvrit longitudi-
nalement jusqu'à l'ombilic.

Le but de cette opération, qui nous glaça
d'une sainte horreur, Breloque et moi, étoit de
vérifier si le sujet de la démonstration étoit, en
effet, comme on l'avoit supposé, cette jeune et
belle princesse, l'Isis, l'Astarté, la Vénus de Tombouctou, l'*Alma Popocamba* de je ne sais quel

guiriot ouolof — et personne n'ignore qu'une vieille loi du pays oblige les gens de qualité à porter leur extrait mortuaire dans l'estomac, pour la commodité des recherches scientifiques.

« C'est elle, » dit l'antiquaire, en présentant du bout des doigts à l'assemblée expectante un mignon rouleau de vélin,

  Noué d'une faveur blanche,
   Doré sur tranche,
    Et tant net,
    Tant frisque, et
    Tant coquet —
    Et tant blanc,
    Tant galant,
    Tant gentil,
    Tant subtil,
    Tant joli,
    Tant poli,
    Tant rosé,
    Tant frisé,
    Tant sadin,
    Tant badin,

Tant chéri,
Tant fleuri,
Tant uni,
Tant bruni,
Tant peigné,
Tant soigné,
Tant lié,
Tant plié,
Tant lissé,
Tant plissé,
Tant brodé,
Tant bordé,
Tant gardé,
Tant fardé,
Tant riant,
Tant friand,
Tant brillant,
Tant vaillant,
Tant plaisant,
Tant luisant,
Tant gaillard,
Tant mignard,
Tant vermeil
Au soleil,

Tant paré,
Tant ciré,
Tant ambré,
Tant moiré,
Tant bien ouvré,
Tant honoré,
Tant décoré,
Tant coloré,
Tant diapré,
Tant chamarré,
Tant bigarré,
Tant illustré,
Tant figuré,
Tant miniaturé,
Tant peintureluré,
Que vous auriez juré,
Qu'il l'avoit tiré
De sa manche.

« C'est elle ! » répéta-t-il extatiquement, avec je ne sais quel mélange indescriptible d'étonnement joyeux et de joie étonnée.

Mais il faudroit avoir vu, pour en juger, une

pintade qui a retourné dans sa mangeoire un bracelet de rubis, ou une de nos poules qui vient de trouver un couteau à manche de nacre.

« Vous pouvez vous en assurer, continua-t-il,
« en débrouillant avec moi le rébus que voici,

« et pour l'explication duquel la société royale
« des dénicheurs patentés d'hiéroglyphes vous
« donnera une grosse prime payable à votre
« choix sur un zodiaque ou sur un obélisque,
« sur un sphynx ou sur une pyramide, marchan-
« dise en hausse.

(Ah! comme j'y regardois!)

Mais je veux que le diable m'emporte si j'y vis autre chose que
    Onocrotales de Syrie,
    Fleurs de lotus mystifrisées,
    Oisons bridés,

Cigognes statipèdes,

Escarbots globifères,

Camardes tettonnières à la croupe de lionne,

Magots accroupis au visage de chien, et autres balivernes isiaques et osiriaques, lesquelles notre antiquaire déchiffroit aussi couramment que vous auriez fait votre benoit *pater* écrit en lettres moulées.

Malheureusement ce fut à si basse voix —

Et notez que j'avois juré d'oublier mon cornet acoustique toutes les fois que j'assisterois à une lecture !

L'assimilation des idées de l'orateur étoit d'ailleurs si compacte,

Leur filiation si brusque,

Leur consanguinité si intime,

Leur concaténation si serrée,

Leur collusion si adhérente,

Leur isologie si indestructible,

Leur concision si laconienne, que quiconque en auroit perdu...

Je ne dis pas une période !

    Mais une phrase —

Je ne dis pas une phrase !

    Mais une incise —

Je ne dis pas une incise !

    Mais une fraction pleine, significative et complexe, comme le substantif et l'attribut, ou comme le pronom et le verbe —

Je ne dis pas une fraction de sens !

    Mais un mot —

Je ne dis pas un de ces mots essentiels qui se tiennent debout !

    Mais une simple racine verbale —

Je ne dis pas une racine verbale !

    Mais une syllabe aussi nulle qu'on puisse la supposer —

Je ne dis pas une syllabe !

    Mais une lettre caractéristique —

Je ne dis pas une lettre caractéristique !

    Mais une lettre euphonique,
    Une lettre étymologique,
    Une lettre mimologique,
    Une lettre phraséologique,

Une lettre battologique,
Une lettre anagogique,
Une lettre diagogique,
Une lettre paragogique —
Je ne dis aucune de ces lettres parasites !
Mais une cédille,
Une tilde,
Un tréma,
Une clôture de parenthèse,
Une apostrophe,
Un accent,
Une virgule,
Un soupir,
Un esprit,
Un séphir,
Un point-voyelle —
Quiconque, dis-je, auroit perdu dans cette lecture la plus infiniment petite division de la pensée humaine qu'il soit possible de soumettre

A Bacon,
A Leibnitz,
Et à moi,

n'en sauroit pas plus long sur la grand'mère de

Popocambou que le bon Mistigri n'en sut jamais sur le sexe équivoque du grand hanneton. —

Et voyez donc un peu à quoi sert la science ! — Pauvre Mistigri ! —

Je conviendrai que, tourmenté d'une inquiétude curieuse, du besoin studieux de stimuler cet organe intelligent qui contient l'ame, et qui dort toutefois comme le corps quand il est fatigué, je recourus à mon tabac d'Espagne. —

Mais j'étois préoccupé par une attention si puissante —

Les ressorts de mon intelligence étoient tendus avec une vigueur si insolite —

Mes facultés, absorbées par la contemplation de cette momie et par le développement de son histoire mystique, étoient si incapables d'ubiquisme —

Mon moi intellectuel et mon moi matériel

avoient fait un divorce si abrupt et si complet —

Et il en résultoit naturellement que la spontanéité de mes mouvements physiques étoit si mal réglée par les opérations de mon esprit —

Qu'il arriva enfin ce qui vous est probablement arrivé quelquefois en pareille occasion : —

Après avoir fait glisser dix fois sous mes doigts ces ais légers de cytise poli dont on ajuste avec tant de goût les charnières imperceptibles dans le village maudit où les Anglois prirent Wallace......

(Cet épisode me mèneroit fort loin, et je le crois d'ailleurs souverainement inutile.)

Ce qu'il y a de certain, c'est que j'ouvris ma boîte à l'envers, et que la poudre caustique se répandit dans ce savant atmosphère avec une effrayante soudaineté. — Quelques milliers de têtes à perruque, surprises par sa vapeur étourdissante, pirouettèrent sur leurs pivots ; et les quatre grandes momies de la table des démonstrations éternuèrent si hautement que tout le monde se réveilla.

Position.

Et je me trouvai au milieu de ma chambre, une jambe chaussée et l'autre nue.

Distraction.

Mais cela n'avança pas beaucoup ma toilette.
Mon bas de soie était à l'envers, et j'avois mis
mon pied gauche dans ma pantoufle droite.

Réception.

Vous m'accuserez peut-être d'avoir perdu beaucoup de temps avant de m'acquitter de la commission de Gervais ; car depuis que je suis à Milan, nous avons eu relâche au théatre de Girolamo, un voyage à Tombouctou, une espèce d'excursion en Égypte, et une séance de l'institut. C'est bien long. Heureusement, je puis vous répondre en toute sûreté de conscience, et ma montre de Breguet à la main, que je suis arrivé à Milan au soleil couchant, que je n'ai pas dormi plus de vingt-sept minutes, et que me voila prêt pour la soirée de la marquise de Chiappapomposa, l'idole de ces jours d'enfant où une coquette effrayoit l'amour en lui montrant le cordon d'une sonnette.

Au moment où j'entrois dans le salon, mes regards tombèrent sur le cordon de la sonnette. — Je rougis. — Il y avoit dix-huit ans que je ne m'étois trouvé à Milan. Je m'approchai de la marquise avec un sentiment de componction qui tenoit encore plus de la honte que du regret, et je n'élevai les yeux jusqu'à elle qu'en tremblant — je la reconnus à peine.

— Pas si bête, dit Breloque. —

O jeune lecteur, qui que tu sois... (mais quel âge avez-vous, s'il vous plaît? Mettons vingt-trois ans à la Saint-Sylvestre; c'est à prendre ou à laisser, et je crois vous traiter en ami.)...

O jeune lecteur, si tu es condamné à vieillir!... si ton front riant doit se voiler un jour de cheveux empruntés — et je compatis à ton malheur, fussent-ils ajustés avec plus d'art que la perruque galante d'un académicien de Tombouctou — si quelque souvenir du jeune âge trouve encore place alors dans ton cerveau refroidi... rêve, rêve souvent à ta première maîtresse — il n'y a point de passe-temps plus doux — Mais garde-toi bien de la revoir !

Tout le monde sait ce que c'est qu'une soirée de Milan. De l'embarras quand on entre, de la curiosité quand on est entré, de la timidité quand on est connu, de la gêne quand on ne l'est pas ; des jeunes filles qui s'épient avec inquiétude ; des jeunes-hommes qui se toisent avec intrépidité ; des femmes quelque peu mûres toute panachées, toute pavanées, tout enluminées, qui viennent faire assaut entr'elles de mensonges officieux, et chacune de son côté, de médisances clandestines ; des importants fatigués de leur vie de représentation, et qui se croient obligés cependant à en étaler tous les soirs dans un cercle nouveau le magnifique ennui ; le poète à la mode, enfin, débitant, le sourcil élevé en signe d'inspiration, des vers flasques et froids que l'inspiration a trahis, les écoutant sans rivaux, et fier de les entendre résonner sous les voûtes du palais, à la faveur d'un écho qu'ils ne trouveront ni dans le public ni dans la postérité.

Mais ce qui surtout ne manque jamais dans un cercle, ce que vous trouverez infailliblement à Inverness comme à Raguse, à Cadix comme à Tobolsk, à Odessa comme au Caire; ce que vous trouveriez peut-être aujourd'hui à Tombouctou, c'est un brillant et hardi jeune homme, à la cravate fashionable, aux cheveux en coup de vent, au claque rond doublé de satin cerise, au gilet mandarin de Valencia, aux bas gris de perle brodés de coins à jour, au lorgnon scrutateur, à l'impertubable assurance, à la voix haute, que vous avez rencontré une fois chez Tortoni, ou près de qui vous avez bâillé un soir à Favart, et qui, sans s'informer si vous voyagez ou non sous le bon plaisir de M. de Metternich, vous jette d'un bout du salon à l'autre un salut familier...

« Mais c'est lui, c'est Théodore, le prince le
« plus aimable de la confédération... Eh! cher
« ami! que je t'embrasse!... »

— Maugrebleu de toi, dit Breloque! —

« Quel heureux événement, » continue-t-il en vous liant d'un bras familier, en appuyant sa main sur votre épaule, et en vous faisant cavalièrement pirouetter devant toute l'assemblée, pour qu'il ne reste de doute à personne sur l'intimité de cette amitié soudaine et inévitable!

« Mais, reprend-il à plus basse voix, c'est que
« tu es ici nouveau venu! c'est que tu as besoin
« de *Cicerone*, et comme je suis depuis cinq

« jours à Milan, tu ne pouvois pas tomber mieux
« pour te mettre au fait de la chronique galante
« du pays... »

—Et il n'avoit pas cessé de parler; mais pendant que ses phrases venoient mourir à mon oreille, comme le bourdonnement confus d'un insecte importun, mes yeux s'étoient arrêtés sur une jeune femme de la plus rare beauté et de la parure la plus éclatante, qui étoit là, seule, rêveuse, mélancolique, appuyée contre un des attiques de la colonnade. —

« Ah! je comprends, me dit-il; c'est par là que
« tu veux commencer : mais cela n'est réellement
« pas mal! je reconnois ce goût exercé qui te dis-
« tinguoit parmi tous les amateurs; c'est une af-
« faire à essayer. Dans sa position, on est au pre-
« mier venu, et un homme qui arrive avec tes
« avantages!... J'y avois pensé, mais j'ai été pris
« plus haut. »

— En vérité, repartis-je en le mesurant. C'est possible ! —

« Allons! Le cœur est occupé! Tu n'as d'atten-
« tions que pour elle! Conviens qu'il seroit fâ-
« cheux que ces beaux yeux noirs ne se fussent
« jamais ouverts à la lumière?... »

— Que voulez-vous dire! —

« Ce que je veux te dire? C'est qu'elle est née
« aveugle. C'est la fille d'un riche négociant d'An-
« vers qui n'avoit eu que cet enfant d'une femme
« qu'il perdit jeune. Il paroît qu'il eut à la même
« époque je ne sais quel violent chagrin. »

— Vous croyez? —

« Il le faut bien, puisqu'il quitta sa maison
« qui étoit, dit-on, plus florissante que jamais,
« et s'éloigna d'Anvers en laissant de magnifiques
« présents à ses employés et des pensions à ses
« domestiques. »

— Et puis, que devint-il? repris-je avec l'impatience d'une curiosité qui s'accroissoit par degrés? —

« Oh! C'est un roman... qui t'ennuieroit... »

— Breloque auroit dit volontiers : Vous ne m'ennuyez plus. Je dis : Vous ne m'ennuyez pas. —

« Eh bien, que sais-je, moi? Ce bon homme
« alla où nous allons tous une fois, pour dire que
« nous y sommes allés; dans cette froide vallée
« de Chamouny dont je n'ai jamais compris
« les tristes merveilles, et, chose étonnante,
« il s'y fixa pendant quelques années. N'as-tu
« pas entendu parler de lui?... Un nom bour-
« geois... M. Robert... C'est cela. »

— Comment vous appelez-vous? —

« Étourdi, tu l'as oublié! je m'appelle de Ro-
« berville. »

C'est comme moi, dit Breloque à mon oreille. Je m'appelle de Breloqueville, descendant de l'obscure famille des Breloque.

— Enfin? repris-je... —

« Enfin, continua-t-il, un oculiste rendit la
« vue à cette petite fille. Son père la conduisit à
« Genève... et à Genève elle devint amoureuse
« d'un aventurier qui l'enleva, parce que son
« père le refusa pour gendre. »

— Son père avoit jugé ce misérable. —

« Il l'avoit d'autant mieux jugé qu'à peine ar-
« rivé à Milan l'aventurier disparut avec tout l'or
« et tous les diamants qu'il étoit parvenu à sou-
« straire. On assure que ce galant homme étoit déjà
« marié à Naples, et qu'il avoit encouru une con-
« damnation capitale à Padoue. La justice le ré-
« clamoit. »

— Et M. Robert? —

« M. Robert mourut de chagrin, mais cet évé-
« nement ne fit pas grande impression. C'étoit une
« espèce de visionnaire, un homme à idées bizar-
« res, qui, entr'autres extravagances, avoit conçu
« pour sa fille l'établissement le plus ridicule. Croi-
« rois-tu qu'il vouloit la marier à un aveugle? »

— La malheureuse ! —

« Pas si malheureuse, mon cher ! Peu consi-
« dérée à la vérité ; c'est la conséquence néces-
« saire d'une faute chez ces pauvres créatures :
« mais la considération, cela ne sert qu'aux pau-
« vres. »

— Est-il vrai ! —

« Comme je te le dis. Regarde plutôt ! Ah ! mon
« ami ! On a bien des priviléges avec deux cent
« mille francs de rentes, et des yeux comme
« ceux-là ! »

— Des yeux ! des yeux ! malédiction sur ses
yeux ! ce sont eux qui l'ont donnée à l'Enfer ! —

Rétribution.

———

Il y a dans mon cœur un levain horrible de cruauté.

Je voudrois que ceux qui ont fait souffrir les autres souffrissent une fois tout ce qu'ils ont fait souffrir...

Je voudrois que cette impression fût déchirante, et profonde, et atroce, et irrésistible; je voudrois qu'elle saisît l'ame comme un fer ardent;

je voudrois qu'elle pénétrât dans la moelle des os comme un plomb fondu; je voudrois qu'elle enveloppât tous les organes de la vie comme la robe dévorante du Centaure.

Je voudrois cependant qu'elle durât peu, et qu'elle finît avec un rêve.

J'avois fixé sur Eulalie un de ces regards arrêtés qui font mal aux femmes quand ils ne les flattent pas — Je ne sais plus où je l'avois appris. — Elle se releva du socle qu'elle embrassoit si tristement, et se tint devant moi, immobile et presque effrayée.

Je m'approchai lentement : — Et Gervais! lui dis-je... —

« Qui ? »

— Gervais! —

« Ah! Gervais! » reprit-elle, en appuyant sa main sur ses yeux.

Cette scène avoit quelque chose d'étrange qui étonneroit l'ame la plus assurée. J'apparaissois là comme un intermédiaire inconnu, la pénitence, ou le remords.

—Gervais! repris-je avec véhémence en la saisissant par le bras, qu'en as-tu fait? —

Elle tomba. Je ne sais pas si elle étoit morte.

Equitation.

Tant que cette espèce mulièbre existera, tant qu'elle dansera, tant qu'elle tournera, tant qu'elle se trémoussera, tant qu'elle s'évertuera, tant qu'elle sautillera, tant qu'elle frétillera, vous les verrez toutes finir par male envie de vénusté, ou par rage de vanité, dit Breloque. — C'est ce qui a perdu Patricia, Patricia elle-même, une jument de si riche encolûre et de si beau pelage, une jument de race, une jument de château, une jument titrée, une très-noble jument; la jument des fous en titre d'office et du Prince des sots.

Oh! que c'étoit, ma foi, une grande, belle, énergique et vigoureuse jument. C'est qu'elle avoit gagné sa litière dans les batailles! C'est que vous n'auriez pas lu un livret de ce temps-là où il ne fût question de Patricia!

Hìc, Fredegarius;

Illìc, Gregorius Turonensis;

Quì Ariosto;

Quà, Tasso;

Ci, Mézeray;

Ça, Daniel;

And, Shakspeare *himself*.

Et Dieu sait, dit M. de Voltaire, si elle fit merveille à Fontenoy!...

— Tu as connu Patricia, Breloque? —

Je le crois bien! j'ai failli la monter...

Et pourquoi ne l'aurois-je pas montée?

Triboulet la montoit.
Caillette la montoit.
Brusquet la montoit.
Thoni la montoit.
Sibilot la montoit.
Angoulevent la montoit.
Molinet la montoit.
Taupin la montoit.

Patz la montoit.

Jouan la montoit.

Drumoinet la montoit.

Mistanguet la montoit.

Tabarin la montoit.

M. Guillaume la montoit.

Bluet d'Arbères, comte de Permission, la montoit.

Polyte la montoit, Polyte, le plus sage des fous, qui en a tant remontré à l'abbé de Bourgueil.

Pape-Thenu la montoit, qui eut l'honneur d'être de son vivant bouffon de l'empereur Charles-le-Quint.

Maretz la montoit; Maretz, qui se flattoit d'avoir fait sourire ce triste Louis XIII, et qui a disputé un moment la faveur royale au brillant Cinq-Mars, et au petit Barradas.

Langeli la montoit; le malheureux Langeli que Boileau a si injustement ravalé au niveau d'Alexandre.

Eh! que je l'eusse bien montée si je l'avois voulu!

Quand je la vis, quoique un peu décrépite,

elle sentoit encore sa jument de bon lieu. Elle hennissoit encore d'impatience et de courage, elle sollicitoit la mêlée, elle appeloit les combattants. Elle *sorboit* du pied la terre, elle *frendoit* son mords des dents, *ut dicitur ubiquaque.* Ce fut une fière jument.

Mais Patricia finit de vieillir. — Et Patricia, je dois le dire, ne s'étoit jamais fait remarquer par son esprit. L'habitude de la cour acheva de la perdre, et depuis qu'il lui fut permis de remplacer par des talons de maroquin ses fers brûlants et poudreux, elle devint ce que vous l'avez vue, bégueule, bigote, précieuse, pecque, pimbèche et pimpesouée, comme une bête de jument.

Elle se mit à employer son temps en passes, en pétarades, en mascarades et en fanfares;

A courir le cirque pour faire valoir ses grâces;

A faire dorer ses gourmettes, à faire tinter ses sonnettes, à faire admirer ses courbettes;

A poursuivre, à l'opposé du soleil, la sotte bête! l'ombre de ses grands plumets.

Elle couroit, elle trottoit, elle galopoit, elle voloit, elle frivoloit, elle caracoloit, et c'est bonheur si elle n'a pas cassé le cou à Triboulet.

Voilà qu'un jour, Malotru, le palefrenier de céans, vint nous dire, en tournant de ses larges mains son grand, gros, gris, gras, vilain bonnet : « Sauf votre respect, messieurs, ce n'est plus guère la peine de trier la paille de Patricia sur le volet, de cribler son avoine au tamis de soie, de ne la brosser qu'à belles étrilles de vermeil, et de dépenser dix fois plus d'argent à la broderie de sa housse qu'il n'en faudroit pour entretenir toutes les écuries de nos gens d'armes.

Patricia butte.
Patricia est borgne.
Patricia est boiteuse.
Patricia est fourbue.

Patricia est poussive.

Patricia est brèche-dent comme Popocambou.

Patricia ne sert plus à rien.

Patricia a fait son temps.

Patricia a vécu. »

— Tu as vu mourir Patricia, Breloque ? —

Peu s'en faut. — « Qu'il est pénible, me dit-elle, en détournant d'un geste languissant ses courtines de velours usé, qu'il est cruel de se voir abandonnée du monde et de Triboulet, quand on descend du cheval de Job et de la jument de Gargantua, ou de quelques illustres personnes de la même espèce ! Vous verrez cela dans ma généalogie ! »

Madame, lui répondis-je, en baisant respectueusement son sabot, tout finit dans ce monde transitoire. Triboulet, dont vous me faites l'honneur de parler, est allé depuis long-temps, lui-même, rejoindre ses aïeux, qui s'étoient cru immortels; et la loge du prince des sots (le dernier s'appeloit Nicolas Joubert) est fermée depuis plus de deux cents ans à l'hôtel de Bourgogne, malgré l'arrêt du Parlement, qui lui en confirma la possession le 19 février 1608, sur le plaidoyer de maistre Julian Peleus, à ce que m'a dit don Pic de Fanferluchio.

« Que m'importe? répondit-elle avec impatience; je n'en suis pas moins, en vertu d'ordonnances et de lettres-patentes, la jeune, belle et fringante jument du Prince des sots. — »

Si jeune, si belle, si fringante, que vous en auriez donné cent comme elle pour l'ânesse de la laitière!

Et voilà ce qui en est de la vanité des femmes et des juments!

Imposition.

Ce que j'avois à cœur de savoir — car j'étois bien persuadé que la jument de Triboulet devoit mourir ni plus ni moins que celle du neveu de Charlemagne —

Ce que j'avois à cœur de savoir — mais ce n'est pas en dire assez ! —

Ce qui m'obsédoit jour et nuit, ce qui dévoroit dans ma vie des semaines, des mois et des années, ce qui a transformé en cruelles souffrances les joyeux oublis de ma florissante jeunesse —

Et que diable avois-je à démêler, je vous le demande, avec la jument de Triboulet?

C'étoit l'invincible besoin, c'étoit la volonté déterminée de vérifier si ce malencontreux écuyer parviendroit à ressusciter sa jument ou à monter sur une autre. —

« Il est vrai, » dit Breloque, plus ému qu'il n'appartient à son caractère, « il est vrai, mon-
« seigneur, que lorsque vous avez monté long-
« temps une bonne jument,
   « Vous êtes fait à son pas;
   « Vous êtes fait à son entre-pas;
   « Vous êtes fait à son amble;
   « Vous êtes fait à son aubin;
   « Vous êtes fait à son trot;
   « Vous êtes fait à son galop.
   « Vous l'allongez, vous la soutenez, vous la
« retenez, vous l'enlevez sur place;
   « Vous la faites tourner, piaffer, danser, sau-

« ter, cabrioler, pirouetter, virevolter, avec un
« baiser gymnastique ou un popisme cavale-
« resque.

« Mais que voulez-vous qu'on fasse d'une ju-
« ment morte? »

—Crois-tu, dis-je, en interrompant Breloque, avec un attendrissement concentré, qu'il ait jamais pu retrouver une pareille jument?—

« Il en a trouvé plusieurs, répondit Breloque.
« Je le vis dernièrement chevauchant une grande
« jument venue d'Angleterre, qui est cousine de
« la jument de John Bull, qui est cousin de Tri-
« boulet. C'étoit, ma foi, une jument leste et
« preste, vivace et téméraire, large de croupe,
« tranchante de garot, forte d'encolure, souple
« de hanches, solide de paturon, bonne à mon-
« ter et à descendre comme le Bucéphal du roi
« François, et dont tout le monde s'accommode-
« roit, bien qu'elle soit un peu rétive à son ca-
« valier, mais que nous ne monterons ni vous
« ni moi. »

— Et pourquoi ne monterois-je pas la jument banale de ce fou aux têtes innombrables que tu appelles le Prince des sots? —

« Si votre altesse le trouvoit bon, oserois-je
« lui demander d'abord combien elle paie de
« contribution personnelle, foncière, mobiliaire,
« directe et indirecte, sur toute l'étendue de sa
« principauté? »

—La juste somme à laquelle l'infâme Judas Iscariote, de patibulaire mémoire, osa taxer la vie de l'Homme-Dieu — trente deniers de métal de cloche, sauf mon instance en dégrèvement. — Mais qu'est-ce que cela fait à l'affaire? —

« Cela y fait tout, et c'est précisément l'en-
« clouure. Toute cette chevance ne suffiroit pas
« à escompter votre patente de gentilhomme, ou
« votre licence de prince, si elles n'étoient déjà
« entérinées à Tombouctou, car la noblesse est
« hors de prix, et aussi les juments. Nul n'en-
« jambera plus une cavale céans (foin des maqui-
« gnons!), s'il ne paie au moins au trésor cinquante

« belles pièces d'or de bon aloi, pesantes, luisantes,
« sonnantes et trébuchantes, et on ne monteroit
« pas cette année une jument politique à meil-
« leur marché, quand on sortiroit tout frais
« émoulu de l'Hippodrome. Tant vaut l'impôt,
« tant vaut l'écuyer. »

Je suffoquois d'indignation !

—Eh quoi! m'écriai-je, il seroit dit que j'ai passé les jours d'une robuste adolescence à trotter à la plate-longe, à presser à cru les flancs des cavales récalcitrantes de l'Andalousie, à surmener des juments barbaresques qui n'avoient jamais senti le frein, à mettre à *quia* les professeurs les plus huppés d'équitation et d'hippiatrique, et qu'on me défieroit impunément de monter comme un autre la jument de Triboulet ! —

« Il est trop vrai, » reprit Breloque d'un ton résolu : « Vous réuniriez en vous seul

« Grison,

« Fiaschi,

« Vargas,

« La Broue,
« Malateste,
« Pluvinel,
« Tapia de Salcedo,
« Menou,
« Cavendish,
« Imbotti,
« Winter,
« Ridinger,
« Eisenberg,
« Ruzé,
« Laguérinière,
« Saunier,
« Garsault,
« Solleyzel,
« Drumond de Melfort,
« Dupaty de Clam,
« Montfaucon de Rogles,
« Mottin de la Blame,
« Astley,
« Pembroke,
« Thiroux,
« Mazuchelli,
« Gambado,

« Vitet,
« Amoreux,
« Bourgelat,
« Robinet,
« Cabero,
« Lafosse,
« Flandrin,
« Huzard,
« Chabert,
« Et Franconi...

« Je dis plus! vous feriez le saut du ruban et
« celui du cerceau avec le Rossinante de don
« Quichotte ou le Criquet de don Japhet d'Ar-
« ménie, que vous ne seriez jamais reçu au ma-
« nége où elle manœuvre quadrupédalement,
« la monture financière du Prince des sots, si
« vous ne parvenez, par quelque riche héritage
« que vous n'attendez guère, ou par quelque
« rare industrie que je ne vous connois pas, à
« exhiber un jour à la porte le bordereau d'une
« bonne contribution éligibilifiante. »

—J'aimerois mieux, Breloque, je le jure par

le plus beau des coursiers du soleil, qui s'appeloit Phlégon! — j'aimerois mieux monter toute ma vie un vieux cheval rompu, fourbu, courbu, courbatu, féru, crochu, bleymu, gras-fondu,

Entretaillé, encloué, couronné, bouté, épointé, court-jointé, arqué, brassiqué,

Cornard, panard, pansard, pinsard,

Siffleur, cagneux, rampin, fortrait, poussif et variqueux,

Tout rongé de fics, de soies, de mules, de formes, de peignes, de clous, de râpes, de fusées, d'ancœurs, de suros, de javarts, d'osselets, de molettes, de malandres, de solandres, de cerises, de crevasses, de capelets, de crapaudines, de furoncles, d'anthraces, de phlegmons, de jardons, de charbons, de bubons, de vessigons et d'éparvins, que cette jument capricieuse et intéressée!... —

« Hélas, monseigneur, elle ne vaut guère « mieux de l'heure qu'il est! » repartit Breloque en poussant un long soupir, et en essuyant ses yeux de la manche de son pourpoint : — « Hélas! monseigneur, continua-t-il, si vous

« saviez comme ses palefreniers l'ont travaillée!...

« Comme ils l'ont chamaillée!...
« Comme ils l'ont tiraillée!...
« Comme ils l'ont éraillée!...
« Comme ils l'ont bataillée!...
« Comme ils l'ont bretaillée!...
« Comme ils l'ont ferraillée!...
« Comme ils l'ont harpaillée!...
« Comme ils l'ont tenaillée!...
« Comme ils l'ont fouaillée!...
« Comme ils l'ont dépenaillée!...
« Comme ils l'ont encanaillée!...
« Comme ils l'ont appareillée!...
« Comme ils l'ont habillée!...
« Comme ils l'ont étrillée!...
« Comme ils l'ont toupillée!...
« Comme ils l'ont écouvillée!...
« Comme ils l'ont gaspillée!...
« Comme ils l'ont grapillée!...
« Comme ils l'ont mordillée!...
« Comme ils l'ont pointillée!...
« Comme ils l'ont tortillée!...
« Comme ils l'ont houspillée!...
« Comme ils l'ont déguenillée!...

« Comme ils l'ont dépouillée!...

« Comme ils l'ont embrouillée!...

« Comme ils l'ont barbouillée!...

« Comme ils l'ont charbouillée!...

« Comme ils l'ont tribouillée!...

« Comme ils l'ont souillée, fouillée, et far-
« fouillée!...

« Comme ils l'ont croquevillée!...

« Comme ils l'ont pretintaillée!...

« Comme ils l'ont fretinfretaillée!... »

— En vérité, Breloque?... —

« A n'y pas reconnoître figure de jument de-
« puis le toupet jusqu'à la sole!... »

— La pauvre bête!!! —

Dotation.

« Eh! mon Dieu, dit Breloque, avec un pareil bordereau de contribution, sur quoi vous proposez-vous, monseigneur, de constituer notre dotation? Sur quoi fonderez-vous ce noble majorat Théodorien, qui est, pour le dire entre nous, et sans que cela nous passe, la plus solide espérance des aristocraties futures? »

— Sur quoi? Breloque! — As-tu vu l'araignée errante au bout de son fil et chassée par les airs?

Demande-lui où elle va l'attacher? A un arbre que les vents ont planté; au coin d'une muraille ruinée par le temps, que de malheureux bergers avoient bâtie pour se mettre à l'abri de l'orage; au revers d'une fosse creusée pour le premier venu! N'est-ce rien pour un être organique et sensitif que la destination de l'araignée! n'est-ce rien pour un être mort qu'une fosse de six pieds? Aux géants près, que l'on t'a montrés à la foire, presque tous les hommes y seroient à l'aise. Ah! Breloque, si toutes les créatures qui ont rampé sur ce *monceau* ou sur ce *morceau* de boue (car cette variante du *Télémaque* est encore en question)... si quelque Gracchus des morts venoit réclamer en leur nom une part proportionnelle de la superficie de la terre, une répartition agraire du cimetière commun, pour y dormir éternellement, la fosse d'une fourmi, cher Breloque, deviendroit à plus haut prix, sur le tarif des enterrements, que ne le sont aujourd'hui les funérailles d'un Empereur!

Et tu veux qu'un prince déchu, trop heureux cent fois d'avoir une fosse pour espérance... —

Il est douteux, du moins, au point où en sont les choses, que la Sainte-Alliance ait le loisir de s'occuper de ma principauté, quoique ma principauté soit, en conscience, tout aussi réelle, tout aussi essentielle, tout aussi substantielle, tout aussi plénipotentielle, que bon nombre des principautés que la Sainte-Alliance a reconnues de huit ou dix lunes en çà —

Et d'ailleurs les rois de la terre sont si chiches, depuis quelque temps, de leurs apanages terriens, que je ne vois pas, à vrai dire, un coin de la carte politique de l'Europe où l'on puisse me donner désormais pour indemnité de ma principauté perdue, ce qu'il faudroit d'espace à un pauvre petit garçon de Barcelonnette, ou de la vallée d'Argelès, pour faire danser sur une tablette de sapin émincé Pierre de Provence et la belle Maguelonne :

Pierre avec sa toque espagnole relevée d'un bouton de verre, son juste-au-corps de panne rouge rapée, galonné d'or faux, et ses bottines de basane d'une couleur équivoque, battues d'un gland flottant;

Magdeleine avec son petit chapeau de feutre noir, la plume de coq à l'oreille, la camisole de vieux satin verd, et la jupe de futaine...

— Je n'ai donc plus qu'à disposer de ce qui me reste, et je te fais, Breloque, mon exécuteur testamentaire. —

« Oh! s'écria Breloque, que de joyaux! »

Donation.

— Mais, si je procède, Breloque, à l'inventaire de mon garde-meuble, ne va pas supposer, dans ta confiance étourdie, que c'est pour lutter une fois de magnificence avec Jacques Cœur de Bourges, ou le riche Ango de Dieppe, ou les Fourques d'Augsbourg, ou Nicolas Flamel, de la paroisse Saint-Jacques-la-Boucherie, ou cet honnête lunatique qui a ramassé tant de milliards en diamants de Cayenne. L'imbécile orgueil de la fortune ne m'a jamais séduit.

Je veux seulement laisser à ceux que j'ai aimés un gage plus durable, hélas! que cette existence qui m'échappe, de la tendresse inextinguible qui enflammoit mon cœur, avant que la mort en eût fait une froide cendre :

A Victorine, la seule mèche de cheveux qu'ait épargné mon désespoir, dans les tribulations que sa coquetterie et ses caprices m'ont fait souffrir. Oh! que la moindre des perruques de ce bon prince trichiomane me viendroit maintenant à propos!

A Dioclès de Smyrne, une moyenne proportionnelle très-exacte entre le jugement d'un idéologue et l'imagination d'un commentateur —

A Henri Dodwell, une belle carte de mes lods, fiefs et alleus, pour être jointe à la prochaine édition des *Petits géographes* —

Au docteur Abopacataxo, le fond de ma bouteille à l'encre —

A la marquise de Chiappapomposa, une sonnette fêlée qui n'a point de battant —

A Patricia, un mors de bride usé au milieu, et incomplet de ses deux bossettes, contre lequel j'ai eu la sottise d'échanger, sur le quai de la Ferraille, le tuyau d'une vieille pipe que j'avois fumée à Wagram —

Au sublime Mistigri, un petit bon homme Godenot en bois de sureau, long de deux pouces trois lignes, avec son habit de papier verd, pour en faire une espèce d'académicien —

A Popocambou, la meilleure de mes deux pantoufles : mais qui diable lui en donnera la semelle ? —

Tu distribueras le reste à ton escient, mon cher Breloque : *scilicet,* ou *si licet,* ou *sic licet :*

(Quelle vive extase n'auroient pas procuré ces belles variantes à mon vieil et grand ami, Joseph Scaliger!)

La rose sèche que je détachai de sa tige, en la frappant du pied, dans un mouvement de sensiblerie romantique, auprès du *Rocher des aveugles;* —

Item, quelques plumes de la dernière mue de ce fameux Lori rouge et verd qui savoit quatre pages, et une demi-douzaine de rubriques. S'il n'étoit pas mort intempestivement pour sa gloire et pour la mienne, il y a long-temps qu'il éclipseroit toutes les renommées du barreau; —

Item, la brochette dont je m'étois servi pour élever le merle surprenant de Jeannette, qui disoit : *Je vous aime*, comme Jeannette, et qui l'oublia moins promptement qu'elle; —

Item, trois graines du réséda que Lubin avoit donné à Lubine, et qu'elle arrosoit de ses larmes, notre douce Lubine, en regardant de sa mansarde de la rue Saint-Martin-bleu-d'yeux, s'il revenoit pas de Flandre, l'ami qui étoit mort à Walcheren!... —

Item, le fétu qui devoit arrondir le nid de mon hirondelle, mais elle ne se soucioit plus de son nid. L'orage qui cassa notre dernière vitre, Breloque, avoit tué ses petits!... —

Item, un pepin de la poire que mordit ma chère Thérèse, un moment avant d'expirer, en me disant : Théodore... j'ai encore soif —

Item, l'épingle dont se piqua Justine pour écrire de son sang qu'elle m'aimeroit toujours; (sa blessure d'épingle n'étoit pas fermée qu'elle m'avoit trompé trois fois). —

Item, un denier de fabrique rogné qu'elle m'avoit laissé pour gage de fiançailles... —

Item, la pellicule d'oignon d'un mirliton percé sur lequel je préludois à seize ans :

Sitôt que notre cœur aime...

Et que j'ai usé depuis long-temps à jouer :

Félicité passée..., etc.

Item, ceci, Breloque, mérite attention! le crayon numérivome du grand logarithmier, et tous ses ouvrages par dessus le marché! —

Item, enfin . . . .

— *Item*, dit Breloque d'un air sournois, il reviendra quelque chose de tant de trésors à votre fidèle intendant. —

J'y venois, Breloque. Je te donne, écoute bien! je te donne d'abord ma bibliothèque.

— Bon! dit Breloque, un mince bouquin qui n'a ni commencement, ni fin, ni milieu, et que les rats ont mangé par les bords! —

Je ne me rappelle guère ce qu'il contient.

— Des pages sans suite, dans lesquelles on découvre à peine, sous de larges moisissures, quelques phrases hétéroclites : — *Philosopher, c'est apprendre à mourir. — De la terre sur la tête, et en voilà pour jamais. — Où allez-vous, gens de la noce ?* — Attendez, attendez, monseigneur! Qu'est-ce là? *Que les andouilles ne sont point à mespriser entre humains!* — Vertudieu! la belle parole! —

Assez, Breloque. Tu as là-dedans toutes les vérités essentielles à la conduite morale de la vie. Ne cherche point à pénétrer plus avant dans les secrets de notre infirme et misérable nature. Ce n'est cependant pas à ce don que se bornent mes bienfaits.

— A la bonne heure! dit Breloque. —

Je te donne, Breloque, tous mes droits, immunités et priviléges, sur la principauté de *Nihil-no-not-nigth*.

— Merci !! dit Breloque. —

Plus, le produit net de la seconde édition de notre *Histoire du roi de Bohême et de ses sept châteaux.*

— Merci !!! dit Breloque. —

Plus, Breloque, mes quatre brevets de l'ordre du Lis, de l'ordre du Saint-Sépulchre, de l'ordre du Phœnix, et de l'ordre de l'Éperon d'or.

— Merci !!!! dit Breloque. —
— Et puis !!!!! ajouta Breloque interdit. —
— Et puis !!!!!! répéta-t-il d'un ton rechigné.—
— Car enfin !!!!!!! grommela-t-il entre ses dents. —
— Et en récapitulant tout cela sur ses doigts !!!!!!!! —

Et puis, quelque chose de plus précieux encore.

— Ah! Ah! dit Breloque, respirant. —

Je te donne ma voiture, Breloque, ma jolie voiture de voyage, celle qui nous a ramenés de Tombouctou, et qui nous conduira peut-être un jour en Bohême.

— Oserois-je demander à monseigneur où l'on remise sa voiture? reprit Breloque en ricanant. —

Partout, Breloque, et voilà ce qui en fait la commodité. Avec la sonde d'un puits artésien, je la ferai descendre aux entrailles de la terre. Connois-tu, Breloque, les couches des six créations? As-tu découvert dans les carrières de Montmartre le squelette végétal d'une juncacée qui étoit plus haute que le Pic de Ténériffe? As-tu rêvé quelquefois ces sauriens aux ailes immenses qui auroient avalé d'une seule inspiration des armées d'éléphants et d'hippopotames? Que dirois-tu d'un insecte dont le poids eût effondré sur sa base immortelle la pyramide inverse de Tombouctou? Ce n'est rien que cela. Ma voiture peut te conduire dans des abîmes où ne plongera jamais le seau hasardeux du mineur, et où nous laisserons bien loin derrière nous les futiles hypothèses des Vulcanistes et des Neptuniens. Je te suspendrai, Breloque, à ce point central du diamètre de la terre, où la puissance isosthène de l'atmosphère ambiante s'équilibre si absolument avec celle de la gravitation que le corps le plus lourd et le plus impondérable dont tu puisses te faire idée, un discours d'inauguration, une épître de circonstance, une leçon de métaphysique, y resteroit, chose difficile à croire, éternellement immobile entre ses pôles éternels.

— Je ne veux pas y aller, dit Breloque. —

As-tu vu, quelquefois, sur le ruisseau de notre village, une valve de noix sèche qui fuit comme une pirogue, emportée par le courant; tantôt pirouettant sur un petit flot qui tourbillonne, tantôt échouée sur un rescif, entre deux pieds de flambe ou deux feuilles de nymphœa; délaissée comme une vieille carcasse de vaisseau à la suite d'une sécheresse, remise à flot par une averse, et voguant sans mât, sans rames et sans pavillon, au gré de la pluie et du vent? C'est la voiture nautique avec laquelle je parcours les immenses replis de la ceinture du globe! Je descends le long cours des fleuves, à travers des rivages qu'enrichit une pompeuse végétation, je vois les villes répéter leurs panoramas magnifiques dans le cristal immense que je laboure de ma quille assurée. J'arrive aux mers, sur mon tillac humecté par l'écume d'argent d'une marée favorable, ou par les gouttes d'eau qui tombent en perles des ailes frémissantes du cormoran. Bientôt les oiseaux disparoissent. A peine je vois encore quelque poisson volant refermer ses nageoires membraneuses, desséchées par un rayon de soleil, et tombant de haut dans la mer; ou bondir quelque bonite égarée. L'Océan m'est ouvert avec ses îles et ses mondes... Veux-tu, Breloque, te diriger vers le passage nord de l'Amérique, ou bien irons-nous troubler, sur les rives enchantées d'O-Tahiti, le sommeil d'une jeune reine?...

— Diable, dit Breloque! —

Si cependant tu l'aimois mieux, vois-tu la bise

emporter l'aile d'un papillon mort — ou bien le duvet impalpable qu'elle a chassé d'un nid nouvellement abandonné — ou bien la foliole tournoyante de la graine de tilleul — ou bien l'aigrette argentée d'une flosculeuse qui monte en se balançant comme un aérostat, et s'enfuit, pour aller jeter au revers de la montagne ses légères ancres de soie — ou mieux encore, ces flocons d'un blanc neigeux qu'une vierge des planètes a laissé tomber de sa chevelure, et que la plus légère émanation de ton souffle renvoie au ciel d'où ils sont descendus...? Voilà ma voiture aérienne, celle avec laquelle je visite les Soleils...

Et si tu voulois voyager dans la gouttière la plus voisine...?

— **Ma foi non !** dit Breloque... —

J'aurois à ton service l'équipage invisible du rotifère, et nous visiterions avec lui un microcosme incomparablement plus vaste que l'univers qui a été donné à la science par le télescope d'Herschell.

— Va pour votre voiture, dit Breloque en sautant. Toujours va qui roule, et au bout du fossé la culbute; mais si le docteur Abopacataxo étoit ici, il vous démontreroit, par raison arithmétique, monseigneur, que tout votre capital ne vaut pas *six-blancs*. —

C'est cependant, mon cher Breloque, tout ce qui reste dans ce vieux bahut de sapin que notre hôtesse nous a prêté.

Supputation.

Si je vais tout d'un trait en Bohême, dis-je le matin à mon réveil — le calcul n'est pas difficile !

Mes aventures à l'amphithéâtre de Vérone demandent au moins un volume ;

Mes promenades sentimentales et romanesques sur le lac de Come, un volume ;

L'escapade que Breloque fit faire à cette fringante nonnette de la Torre dei Çonfizzi, un volume, à moins que je ne le garde pour mes confessions; mais le public est si pressé!

Je ne puis pas en conscience méditer en moins d'un volume sur les ruines de Venise. Je connois un libraire qui en feroit six.

En n'employant que trente-deux volumes à la description consciencieuse de tout le pays, depuis les basses lagunes jusqu'à la contrescarpe de Konigsgratz — quand je ne partirois que de Trévise et du marché aux poissons, — il me faudroit bien ric-à-ric trente-six volumes préliminaires.

Je dois déclarer que celui-ci n'est pas compris dans le compte.

Or, si je donne une minute par jour à la sensation,
Une minute par jour à la perception,
Une minute par jour à l'appréhension,

Une minute par jour à la compréhension,
Une minute par jour à la réflexion,
Une minute par jour à la discussion,
Une minute par jour à l'intuition,
Une minute par jour à la méditation,
Une minute par jour à l'invention,
Une minute par jour à la disposition,
Une minute par jour à la distribution,
Une minute par jour à l'exécution,
Et quatorze cent vingt-huit minutes à la distraction et au sommeil (c'est réellement la moindre mesure de délassement et de repos qu'on puisse dispenser à une vie occupée de labeurs si vastes et si sérieux); —

Cela fait quatorze cent quarante minutes dont je me départirois quotidiennement en faveur de l'*Histoire du roi de Bohême et de ses sept châteaux.*

Mais la composition du premier volume m'ayant coûté trente ans, trois semaines et quelques heures, — nous ne compterons que trente ans pour éviter le calcul des fractions, — je ne pourrois guère fournir ma dernière livraison avant le mois de mars de l'an ving-neuf cent neuf.

Et d'ici à l'an vingt-neuf cent neuf? — Ma foi ! je reverrai Gervais auparavant. — De Milan à Chamouni, vous n'avez qu'une promenade, surtout en traversant la mer de glace par le pays d'Aoste, comme lady Very-Mad, et miss Frolicsome. — Et vous êtes à peu près sûr au moins de ne trouver ni les argoulets du fisc, ni les argousins de l'alliance.

Désolation.

C'étoit l'heure — c'étoit la place — et c'étoit le rocher. Seulement, Gervais n'y étoit pas.

Le soleil y donnoit en plein, et toutes les pâquerettes étoient fleuries, et toutes les violettes parfumoient l'air. Il n'y avoit pas jusqu'à la rose des Alpes qui n'eût repoussé.

Mais, Gervais n'y étoit pas.

Je m'approchai de son banc. Il y avoit oublié son long bâton de cytise recourbé, noué d'un ruban verd avec des caractères imprimés en relief. Cette circonstance m'inquiéta.

J'appelai Gervais. — Une voix répéta : Gervais. Je crus que c'étoit l'écho.

Je me tournai de ce côté, et je vis venir Marguerite qui menoit un chien en lesse. Ils s'arrêtèrent. Je reconnus Puck, et Puck me reconnut à peine. Il étoit tourmenté d'une autre idée, d'une idée indéfinissable. Il avoit le nez en l'air, les oreilles soulevées, les pattes immobiles, mais tendues, pour se préparer à la course.

—Hélas, monsieur, me dit Marguerite, auriez-vous vu Gervais ? —

Gervais ? répondis-je. Où est-il ?

Puck se tourna de mon côté comme pour me regarder, parce qu'il m'avoit entendu. Il s'approcha de moi de toute la longueur de sa lesse. Je le flattai de la main, et il la lécha — et puis, il reprit sa station.

— Monsieur, me dit-elle, je vous remets bien maintenant. C'est vous qui lui avez donné cet épagneul qu'il aime tant, pour le consoler de la perte de son barbet qu'il avoit tant aimé. Le pauvre animal n'a pas été huit jours dans la vallée qu'il a été frappé d'une goutte sereine comme son maître. Il est aveugle. —

Je relevai les soies du front de Puck. Il étoit aveugle. — Puck détourna la tête, lécha encore ma main, et puis hurla.

— C'est pour cela, continua dame Marguerite, que Gervais ne l'avoit pas amené hier. —

Hier, Marguerite ! il n'est pas rentré depuis hier !

— Ah ! Monsieur ! c'est une chose incompréhensible, et qui étonne tout le monde. — Imaginez-vous que nous eûmes dimanche un grand orage, et qu'il arriva chez nous un seigneur, je jurerois que c'étoit un mylord anglois, qui descendoit du Buet avec un chapeau de paille tout enrubané, et un bâton à glacier, embecqué de corne de chamois, mais mouillé, mouillé, mouillé!... —

Qu'importe cela!

—Pendant que j'étois allé chercher des fagots pour le sécher, M. de Robertville resta seul avec Gervais. —

M. de Robertville!...

— C'est son nom; — et je ne sais ce qu'il lui dit. Mais, hier, Gervais étoit si triste! Cependant il paroissoit plus pressé que jamais de venir à l'esplanade, si pressé que j'eus à peine le temps de jeter sa mante bleue sur ses épaules, parce qu'il avoit beaucoup plu la veille, comme je vous ai dit, et que le temps étoit encore froid et humide. « Mère, me dit-il quand nous sortîmes, je « vous prie de retenir Puck et d'en avoir soin. « Sa pétulance m'incommode un peu, et vous « savez que si la lesse m'échappoit, nous ne pour-

« rions pas nous retrouver l'un l'autre. » Je l'amenai ici, et quand je vins le rechercher, je ne le trouvai pas. —

Gervais, m'écriai-je ! mon bon Gervais !

— O Gervais ! mon fils Gervais ! mon petit Gervais ! disoit cette pauvre femme. —

Et Puck ! Il mordoit sa lesse, et il sursautoit autour de nous.

Si vous lâchiez Puck, lui dis-je, il retrouveroit peut-être Gervais ?

Je ne sais si j'avois réfléchi à ce moyen ; mais la lesse étoit coupée.

J'eus à peine le temps de m'en apercevoir. Puck prit son élan, fit quatre bonds, et j'entendis un bruit, comme celui d'un corps qui tombe, dans le gouffre de l'Arveyron.

Puck ! Puck !...

Quand je fus là, le petit chien avoit disparu, et je ne vis surnager qu'une mante bleue, sur le gouffre qui tourbillonnoit.

Humiliation.

Depuis que don Pic de Fanferluchio s'étoit avisé que toutes les questions de critique verbale que pouvoit soulever ma narration se réduisoient à la fameuse catachrèse du ruban verd, il avoit reposé sa tête sur le dossier, et il dormoit d'un sommeil un peu agité, parce qu'il rêvoit à trois étymologies sur lesquelles son opinion n'est pas encore fixée, celle de *Baccara*, celle de *Farandole*, et celle de *Calembredaine*.

Je cherchai donc des yeux Breloque qui formoit à lui seul tout mon auditoire (Victorine étoit au bain, ou ailleurs); et je remarquai avec plaisir qu'il ne dormoit probablement pas. Il étoit debout :

J'allois l'interroger sur l'impression qu'avoit produite en lui l'histoire des amours de Gervais et d'Eulalie, mais je le surpris dans une de ces attitudes caractéristiques qui épargneroient les frais d'une question au bailli interrogant de l'*Ingénu*. Son bras droit étoit tourné en quart de cercle à la hauteur de sa tête, sa main tendue et largement déployée ; sa bouche se relevoit convulsivement dans le sens opposé, c'est-à-dire de droite à gauche, comme pour étouffer un bâillement sous une grimace; et son épaule sinistre, qui est naturellement assez difforme, se rapprochoit spontanément de son oreille, de manière à exprimer presque aussi distinctement que la parole une idée que vous traduiriez ainsi en langue vulgaire :

QUELLE PITIÉ!

Je ne sais si vous vous connoissez en symptômes physiognomoniques : mais quand vous verrez un homme dans la même position, vous pourrez parier hardiment qu'il s'ennuie à la mort. Je serai volontiers de moitié dans votre enjeu.

J'ai dit que la phrase que je préparois étoit une espèce d'interrogation, et vous savez qu'il y a des interrogations affirmatives qui témoignent une imperturbable conscience de soi-même, et auxquelles on ne pourroit répondre négativement sans offense. « Grand Dieu, ai-je de l'es-
« prit, mon cher Breloque? ne trouves-tu pas
« cette histoire admirablement racontée? »

C'est dans ce moule-là que j'avois jeté ma question. Quand j'aperçus Breloque, je lançai mon moule dans le jardin d'un excellent poète toulousain de ma connoissance, qui s'en est souvent servi depuis.

Le second des moules entre lesquels j'avois à choisir étoit ce moule dubitatif où l'on feint de jeter une pensée incertaine, pour se faire répondre ce que l'on désire : « Entre nous, cela
« est-il bon ou mauvais? Dites-moi, mon cher

« Breloque, si vous êtes un peu content de cette
« histoire? »

Mais ces concessions répugnoient à ma dignité. — Les dispositions de Breloque étoient d'ailleurs si manifestes, et le moule de la question ironique sied si bien au dépit d'un auteur blessé!

« Il paroît que M. Breloque n'est pas extrême-
« ment satisfait? » dis-je d'un ton amer.

Breloque releva d'un coup de tête son béret basque surmonté d'une plume de cigogne (c'étoit ce jour-là son costume de cérémomie), écarquilla les jambes, rapprocha les bras du corps, ouvrit les deux mains sur un plan exactement horizontal, et de la voix d'un chanteur de place entonna les vers suivants :

> *— Des deux amants d'Aigueperse,*
> *Apprenez le cas piteux.*
> *Ils sont nés par grand' détresse*
> *Aveugles de leurs deux yeux... —*

Je vous comprends, Breloque; vous voulez

dire que le sujet n'est pas neuf, et je voudrois qu'il le fût moins encore. Les productions de l'esprit ne vivent que par la forme. Oseriez-vous comparer une mauvaise chanson de village...

— Pourquoi pas, dit Breloque ? une mauvaise chanson de village qui dit ce qu'elle doit dire, vaut bien un roman maniéré. —

Maniéré !

— C'est le mot. De l'affectation pour de la grâce, du sentimental pour du tendre, de la déclamation pour de l'éloquence, du commun pour du naïf. —

Breloque !...

— Je vous dis la vérité, Monseigneur. Je ne suis pas le fou de votre altesse pour rien. Si vous n'êtes pas content, réveillez don Pic, et parlez-lui de catachrèses. —

Je ne vous ai jamais vu de cette humeur !... Quoi, mon joli chien lui-même ?...

—Cet épagneul à longues oreilles? Il a le poil *flou*, comme s'il descendoit tout verni et tout glacé d'un tableau de Watteau. Ah! qu'il est loin du chien de Brisquet! —

Et qu'est-ce, au nom de Dieu, que le chien de Brisquet?

—Le chien de Brisquet? dit Breloque, hélas, ce n'est qu'un chien; mais c'est un chien, un véritable chien, dont l'histoire ne contient ni descriptions inutiles, ni discours aux périodes sonores, ni combinaisons dramatiques, ni artifices de mots. Son histoire, c'est tout bonnement l'histoire du chien de Brisquet.—

Et cette histoire?...

— La voici, dit Breloque : —

Opposition.

Histoire du chien de Brisquet.

Monseigneur,

En notre forêt de Lions, vers le hameau de la Goupillière, tout près d'un grand puits-fontaine qui appartient à la chapelle Saint-Mathurin, il y avoit un bon homme, bûcheron de son état, qui s'appeloit Brisquet, ou autrement le fendeur à la bonne hache, et qui vivoit pauvrement du produit de ses fagots, avec sa femme qui s'appeloit Brisquette. Le bon Dieu leur avoit donné deux jolis petits enfants, un garçon de sept ans qui étoit brun, et qui s'appeloit Biscotin, et une blondine de six ans qui s'appeloit Biscotine. Outre cela, ils avoient un chien bâtard à poil frisé, noir par tout le corps si ce n'est au museau qu'il avoit couleur de feu; et c'étoit bien le meilleur chien du pays, pour son attachement à ses maîtres.

On l'appelloit *la Bichonne*, parce que c'étoit peut-être une chienne.

Vous vous souvenez du temps où il vint tant de loups dans la forêt de Lions. C'étoit dans l'année des grandes neiges, que les pauvres gens eurent si grand' peine à vivre. Ce fut une terrible désolation dans le pays.

Brisquet, qui alloit toujours à sa besogne, et qui ne craignoit pas les loups, à cause de sa bonne hache, dit un matin à Brisquette : « Femme, je « vous prie de ne laisser courir ni Biscotin ni « Biscotine, tant que M. le grand-louvetier ne « sera pas venu. Il y auroit du danger pour eux.

« Ils ont assez de quoi marcher entre la butte et
« l'étang, depuis que j'ai planté des piquets le
« long de l'étang pour les préserver d'accident. Je
« vous prie aussi, Brisquette, de ne pas laisser sor-
« tir la Bichonne, qui ne demande qu'à trotter. »

Brisquet disoit tous les matins la même chose
à Brisquette. Un soir il n'arriva pas à l'heure ordinaire. Brisquette venoit sur le pas de la porte,
rentroit, ressortoit, et disoit en se croisant les
mains : « Mon Dieu, qu'il est attardé!... »

Et puis elle sortoit encore, en criant « : Eh!
« Brisquet! »

Et la Bichonne lui sautoit jusqu'aux épaules,
comme pour lui dire : — N'irai-je pas?

« Paix! lui dit Brisquette. — Écoute, Biscotine,
« va jusque devers la butte pour savoir si ton
« père ne revient pas. — Et toi, Biscotin, suis le
« chemin au long de l'étang, en prenant bien
« garde s'il n'y a pas de piquets qui manquent
« — Et crie fort, Brisquet! Brisquet!... »

« Paix ! la Bichonne ! »

Les enfants allèrent, allèrent, et quand ils se furent rejoints à l'endroit où le sentier de l'étang vient couper celui de la butte : « Mordienne, dit « Biscotin, je retrouverai notre pauvre père, ou « les loups m'y mangeront. »

« Pardienne, dit Biscotine, ils m'y mangeront « bien aussi. »

Pendant ce temps-là, Brisquet étoit revenu par le grand chemin de Puchay, en passant à la croix aux ânes sur l'abbaye de Mortemer, parce qu'il avoit une hottée de cotrets à fournir chez Jean Paquier. — « As-tu vu nos enfants ? » lui dit Brisquette.

« Nos enfants ? dit Brisquet. Nos enfants ? mon Dieu ! sont-ils sortis ? »

« Je les ai envoyés à ta rencontre jusqu'à la butte et à l'étang, mais tu as pris par un autre chemin. »

Brisquet ne posa pas sa bonne hache. Il se mit à courir du côté de la butte.

« Si tu menois la Bichonne ? lui cria Brisquette. »

La Bichonne étoit déjà bien loin.

Elle étoit si loin que Brisquet la perdit bientôt de vue. Et il avoit beau crier : « Biscotin, Biscotine ! » on ne lui répondoit pas.

Alors, il se prit à pleurer, parce qu'il s'imagina que ses enfants étoient perdus.

Après avoir couru long-temps, long-temps, il lui sembla reconnoître la voix de la Bichonne. Il marcha droit dans le fourré, à l'endroit où il l'avoit entendue, et il y entra, sa bonne hache levée.

La Bichonne étoit arrivée là, au moment où Biscotin et Biscotine alloient être dévorés par un gros loup. Elle s'étoit jetée devant en aboyant, pour que ses abois avertissent Brisquet. Brisquet d'un coup de sa bonne hache renversa le loup roide mort, mais il étoit trop tard pour la Bichonne. Elle ne vivoit déjà plus.

Brisquet, Biscotin et Biscotine rejoignirent Brisquette. C'étoit une grande joie, et cependant tout le monde pleura. Il n'y avoit pas un regard qui ne cherchât la Bichonne.

Brisquet enterra la Bichonne au fond de son petit courtil sous une grosse pierre sur laquelle le maître d'école écrivit en latin :

C'EST ICI QU'EST LA BICHONNE,
LE PAUVRE CHIEN DE BRISQUET.

Et c'est depuis ce temps-là qu'on dit en commun proverbe : *Malheureux comme le chien à Brisquet, qui n'allit qu'une fois au bois, et que le loup mangit.*

Argumentation.

Breloque ne se croyoit pas obligé comme moi aux circonlocutions embarrassées d'un auteur timide qui essaie sa première composition devant un auditoire imposant. Il se tenoit là, ferme du jarret, le poignet à la hanche, le front haut et l'œil assuré, comme un acteur tragique du Premier Théâtre qui semble proférer le *Plaudite, Cives!* Sa suffisance m'interloqua tellement que je cherchai dans ma poche ma tabatière de Lumloch pour me donner une contenance ; mais je l'avois rejetée avec indignation, le jour néfaste où elle me fit perdre, comme vous savez, l'intéressante leçon du démonstrateur de momies.

— Qu'en pense monseigneur? dit-il. —

Pouvez-vous, Breloque... repris-je en rougissant. — Cela est bon pour une histoire de nourrice.

— Qu'y manque-t-il, à votre avis? (Je m'en rapporterois volontiers à don Pic de Fanferluchio, s'il ne dormoit pas. Le bon homme ne fait plus autre chose depuis que vous l'avez mené à l'institut.) Le sujet est simple, mais intéressant. Les épisodes s'y rattachent facilement, ou plutôt font un corps essentiel avec lui. La péripétie est frappante et naturelle, le dénouement pathétique et inattendu; et il en sort, comme dans la fable antique, une espèce d'adage qui se grave profondément dans la mémoire. Parlerons-nous des caractères? ils sont tracés avec tant d'habileté que l'exiguité du cadre n'ôte rien à leur développement, et qu'il n'est personne, après avoir entendu l'histoire du chien de Brisquet, qui ne connoisse aussi parfaitement Brisquet, sa femme, ses enfants et son chien, qu'au bout de trois mois de résidence à la Goupillière. Vous ne passeriez pas vous-même à la porte d'une hutte de bûcheron de la forêt de Lions, devant laquelle aboie un chien noir à la barbe flamboyante, sans vous écrier : Breloque, nous ne sommes pas égarés! voici la maison de Brisquet!

Que dirai-je des localités? Vous n'avez besoin ni de boussole, ni de guides, ni de cartes, ni d'itinéraire, ni de statistique, ni d'almanach, pour vous diriger dans le pays, et s'il sortoit de la hutte dont je viens de parler une bonne femme encore fraîche, à la physionomie bienveillante, au regard un peu soucieux, mais très-doux, qui vous dît : Puisque monsieur va du côté de Mortemer, il aura le plus court entre la butte et l'étang, mais le chemin n'est pas sûr — vous lui répondriez presque sans réfléchir : Mille grâces, madame; mon intention est bien de prendre par le grand chemin de Puchay, en passant à la Croix aux Anes. Hélas! si Homère avoit imprimé un caractère de vérité aussi naïf à sa belle topographie épique, dont je suis loin d'ailleurs de contester le mérite, nous connoîtrions mieux la campagne de Troyes que la plaine Saint-Denis. Quant au style, je suis obligé d'avouer qu'il n'est ni pittoresque, ni romantique, ni poétique, ni oratoire; mais il est ce qu'il doit être, clair, simple, expressif, approprié aux personnes et aux choses, intelligible à tous les esprits; et par conséquent essentiellement convenable. —

Je me mordis les lèvres jusqu'au sang. Les *Amours de Gervais et d'Eulalie* étoient déjà imprimées ; mais je lançai bien loin mon exemplaire en papier de Chine par-dessus les piquets de l'étang de la Goupillière.

Après cette belle péroraison, Breloque se rengorgea comme un orateur de la rive gauche de la Seine, qui lit dans le *Moniteur* les trois immenses colonnes, imprimées en petite nompareille, ou en parisienne, ou en sédanoise, au moyen desquelles il a prouvé la veille, pour le plus grand avantage de ses commettants, qu'on peut très-bien faire d'une vessie une lanterne en mettant une bougie allumée dedans.

J'avois cependant quelque chose à répondre, car toute mon humilité ne me défend pas d'un accès d'impatience. —

Mais je pose en fait qu'il n'y a pas un seul homme un peu honorablement placé dans la société qui ne puisse juger par expérience de l'immense et subite diversion que produit dans l'esprit le plus préoccupé le bruissement d'une chaise de poste qui s'arrête devant votre hôtel, surtout quand vous êtes par hasard le seul locataire résident. —

Pif, paf, piaf, patapan. —

Je crois, en vérité, que cela mérite un autre chapitre.

Invention.

Pif paf piaf patapan.

Ouhiyns ouhiyns. Ebrohé broha broha. Ouhiyns ouhiyns.

Hoé hu. Dia hurau. Tza tza tza.

Cla cla cla. Vli vlan. Flic flac. Flaflaflac.

Tza tza tza. Psi psi psi. Ouistle.

Zou lou lou. Rlurlurlu. Ouistle.

Cla cla cla. Flaflaflac.

Ta ta ta. Ta ta ta. Pouf.

Ouhiyns. Ebrohé broha. Ouhiyns ouhiyns.

Ta ta—ta ta—ta ta—ta ta—hup.

A u ho. Tza tza tza. O hem. O hup. O war!

Trrrrrrrrrrrrr. Hup. O hep. O hup. O hem. Hap!

Trrrrrrrrrrrrr. O hup. O hé. O halt! O! Oooooh!

Xi xi xi xi! Pic! Pan! Baoûnd.
Hourra!!!!!!!!

Interprétation.

— Au nom du ciel, Théodore, reprenez vos sens! Quelle langue parlez-vous? —

Pourriez-vous la méconnoître? n'est-ce pas la langue consacrée, la poésie imitative et descriptive des prix décennaux, la faconde patentée des Muses impériales?

N'est-ce pas cette interprétation perfectionnée de la pensée humaine pour laquelle le journal iroquois réclame à toute outrance un brevet d'invention?

Vous ne remarquez pas, d'ailleurs, que cette page, unique parmi tous les monuments écrits de la parole, cache, sous l'apparence d'un simple jeu d'esprit, l'effort le plus puissant d'une imagination créatrice; le secret du *Novum organum* et de la *Caractéristique*; l'intelligibilité universelle que les kantistes, les éclectistes et les doctrinaires, si amoureux de la clarté, cherchent encore à tâtons!

Vous ne savez pas que si Nemrod (ou Nembroth) s'étoit avisé de cette découverte le jour de la défection des ouvriers de Babel, je pourrois vous offrir aujourd'hui un fort joli appartement de garçon, quelques milliers de toises par-delà les sommets du Chimboraço, tandis que, si Dieu n'y pourvoit, nous sommes fort exposés à coucher dans la rue cet hiver!

En effet, lisez ce chapitre avec un certain goût d'inflexion, devant une commission lexicologique formée au nom du genre humain, et où seront représentées les peuplades les plus barbares, sans en excepter les Romantiques et les Esquimaux; et je subis tel châtiment que vous voudrez m'infliger, une soirée musicale d'amateurs, une séance de l'Athénée, une représentation à bénéfice, la lecture d'une tragédie, le rendez-vous inattendu d'une femme que l'on aime, le jour où l'on a subi trop long-temps le rendez-vous d'une femme que l'on n'aime plus, si quelqu'un parmi vos innombrables auditeurs se méprend sur le sens implicite de cette sublime composition, dont aucun dictionnaire n'a fourni les éléments.

Et si le génie consiste à rendre un tableau naturel avec une énergique et naïve simplicité, je tremble de dire que personne peut-être...... — Mais je le laisserai dire par mon éditeur dans la préface de la huitième édition, qui sera la même que celle-ci, à deux ou trois cartons près.

Dès la première ligne (il ne tiendroit qu'à moi de l'appeler un vers, car elle a six syllabes, et on la tient pour exactement métrique à Tombouctou) —

Dès la première ligne, vous entendez piaffer les coursiers impatients, — Et après, écoutez; ils hennissent, ils frémissent, ils hennissent toujours! — Automédon (c'est le nom figuré du cocher), Automédon s'est élancé. Il les couvre du regard, il les avertit de la voix — le fouet s'est déployé, des lanières criantes brisent l'air. — Long-temps il n'excite son attelage que par des cadences bienveillantes ou des interjections sans colère. Le fouet retentit encore, et la mèche sonore bruit encore sans blesser. Ils trottent, ils trottent, ils hennissent, le cheval de volée galope. Il aspire à ce grain nourrissant que je n'ose nommer, mais que je désignerai très-élégamment en disant qu'un empereur le faisoit revêtir de feuilles d'or pour les banquets du seul consul qui ait frappé la terre de quatre pieds poudreux. — Entendez-vous rouler la roue, qui fait rebondir les planches tremblantes et vibrer les lourdes ferrures du pont-levis? — Entendez-vous glisser la herse sifflante, et le pavé gronder de sa chute? —

Vous êtes dans le château, et tous ses habitants poussent un cri d'accueil et de joie[1] —

[1] Un juste sentiment de modestie oblige le traducteur à déclarer qu'il n'a pas eu le moindre dessein de lutter avec l'original, qui est tout autrement expressif.

Solution.

Quelle herse, quel pont-levis, quel château? s'écria Victorine...

— Eh! mon Dieu! ma bonne amie, la herse et le pont-levis du château de Kœnigsgratz —

« Ou Konigingratz, ou Konigingretz, ajouta
« don Pic en se frottant les yeux. — La ville se
« rendit en 1423 à Jean Ziska. »

Kœnigsgratz?... est-il possible! serions-nous déjà dans le plus triste des sept châteaux du roi de Bohême?

— Nous y sommes, chère Victorine, puisque vous l'avez voulu. —

Ah! mon ami! que la dernière saison fut ennuyeuse aux eaux de Tœplitz! Ne pourriez-vous nous régaler cette année de quelque historiette plus divertissante que cette longue rapsodie d'aveugles, de momies, d'académiciens, de perruques, de pantoufles, d'épagneuls et de bichons?

« Cela me regarde, » répondit Breloque, en s'asseyant d'un air composé à la table de lecture du salon de Milan, et en achevant de délayer dans son verre un morceau de sucre réfractaire.

Il alloit commencer, quand un doigt fatidique......

Je ne dirai pas que ce fut celui qui minuta, en argot laconique, sur les murailles du palais de Balthazar, que les Grecs appellent Nabonadios, l'arrêt définitif de la monarchie de Babylone.

C'étoit tout simplement celui de mon libraire, qui ne m'a donné que trois cent quatre-vingt-sept pages de *cavalier vélin* blanc à remplir, et qu'un encrier de vingt centilitres à vider, pour parfaire cet œuvre inutile de suffisance et d'oisiveté qu'on appelle vulgairement un livre.

Breloque alloit commencer, dis-je, quand ce doigt positif et calculateur traça, en initiales ombrées *de vingt-deux,* au pied de ma page achevée, le monosyllabe suivant :

Récapitulation.

INTRODUCTION.	Page	1
RÉTRACTATION.		5
CONVENTION.		11
DÉMONSTRATION.		19
OBJECTION.		23
DÉCLARATION.		29
CONTINUATION.		37
PROTESTATION.		41

Dubitation.	Page	47
Narration.		53
Insertion.		63
Transcription.		69
Conversation.		79
Combustion.		85
Exhibition.		95
Explication.		97
Annotation.		103
Observation.		109
Prétérition.		113
Damnation.		115
Commémoration.		125
Érudition.		145
Aberration.		155
Transition.		159
Mystification.		161
Vérification.		167
Numération.		171
Interlocution.		181

Insurrection.	Page 203
Dissertation.	209
Méditation.	219
Navigation.	221
Apparition.	225
Exploration.	229
Procréation.	235
Distinction.	245
Rémunération.	247
Précaution.	259
Installation.	263
Dentition.	271
Exhumation.	279
Opération.	283
Position.	295
Distraction.	297
Réception.	299
Rétribution.	309
Équitation.	313
Imposition.	321

Dotation. Page 331

Donation. 335

Supputation. 347

Désolation. 351

Humiliation. 357

Opposition. 363

Argumentation. 371

Invention. 377

Interprétation. 379

Solution. 385

NOTE DE L'IMPRIMEUR :

Nous avons soigneusement noté le chiffre de pagination des chapitres, leur enchaînement logique étant de grande importance pour l'intelligence du livre.

CORRECTION.

Je déclare formellement qu'après avoir relu cette excellente histoire avec toute l'attention dont je suis capable, je n'y ai trouvé qu'un seul mot à changer, et qu'il m'a fallu de longues réflexions et de laborieuses recherches pour m'assurer de la nécessité de cet *erratum ;* encore dois-je prévenir le lecteur que cette modification ne porte ni sur une faute de langue, ni sur une locution de mauvais goût, ni sur une répétition de mauvaise grâce, ni sur un des néologismes pédantesques dont m'accusent les journaux timorés, ni sur un des archaïsmes inintelligibles qu'on me reproche dans les salons, mais sur une finesse de synonymie qui ne peut être saisie que par les esprits les plus délicats.

Je prie les personnes éclairées et sensibles, pour lesquelles la lecture de l'*Histoire du roi de Bohême et de ses sept châteaux* est devenu un besoin quotidien, comme l'étude de l'*enseignement universel* de M. Jacotot et de l'*ortografe perfeksioné* de M. Marle, de vouloir bien substituer mentalement le mot *babouche* au mot *pantoufle*, partout où il est question de la *pantoufle* de Popocambou, qui étoit nécessairement une *babouche*.

Babouche est tout-à-fait un nom de relation, un substantif de localité. Il sent son origine australe et ses régions solaires. *Pantoufle* est autochtone dans les contrées intermédiaires. C'est un mot propre à la race caucasienne, qui se distingue des autres par un usage immémorial des *pantoufles*, ce qui sera surabondamment démontré quand on aura découvert une *pantoufle* fossile.

Babouche participe en quelque chose de la majesté souveraine. *Pantoufle* fait naître subitement dans la pensée le sentiment d'une civilisation intellectuelle plus complète à la vérité, mais moins primitive et moins solennelle.

Il suffit de prononcer ces deux mots pour éprouver que la *babouche* est la véritable *pantoufle* des rois, et que la *pantoufle* est, tout au plus, la *babouche* des patriciens.

On dit une auguste *babouche*; on dit une jolie *pantoufle*. Une jolie *babouche* seroit inconvenant; une auguste *pantoufle* seroit burlesque.

L'esprit des langues s'est prononcé sur cette question par des indices certains. *Pantoufle* a un diminutif, et *babouche* n'en a point.

L'idée de *pantoufle* se lie à toutes les idées d'inconsidération et d'étourderie, l'idée de *babouche* à toutes les habitudes de sagesse et de gravité. Les jeunes filles ont des *pantoufles*, et les grand'mères ont des *babouches*.

Pantoufle est un objet de comparaison péjorative : le récipiendaire a raisonné comme une *pantoufle*, le président a répondu comme une *pantoufle*. On a beaucoup plus d'égards pour les *babouches*.

Il ne pouvoit être question que de *babouches* dans la biographie de Popocambou-le-Brèche-dent, puisqu'il est écrit que *babouche* convient au style sublime, et *pantoufle* au style tempéré.

APPROBATION.

---

*Je soussigné, peseur expert des idées, traducteur patenté des paroles équivoques, despumateur juré des cogitations abstruses, exécuteur des basses-œuvres et grand-prévôt littéraire de Tombouctou, certifie à qui il appartiendra que j'ai essayé de lire, par ordre, l'*Histoire du roi de Bohême et de ses sept châteaux; *que ledit ouvrage n'est ni impie, ni obscène, ni séditieux, ni satirique, et qu'il est par conséquent très-médiocrement plai-*

sant; mais que la TABLE DES CHAPITRES *m'a paru d'une invention fort agréable et d'un usage fort commode pour les sociétés graves, religieuses et bien pensantes, qui s'exercent, dans les soirées d'hiver, au jeu édifiant et instructif du corbillon.* **Raminagrobis.**